食品业品牌

群际关系冲突机理
与企业社会责任治理研究

王春娅 ◎ 著

中国财经出版传媒集团

经济科学出版社
Economic Science Press

图书在版编目（CIP）数据

食品业品牌群际关系冲突机理与企业社会责任治理研究/
王春娅著 . —北京：经济科学出版社，2020.6
ISBN 978 - 7 - 5218 - 1540 - 5

Ⅰ.①食…　Ⅱ.①王…　Ⅲ.①食品行业 - 企业责任 -
社会责任 - 研究 - 中国　Ⅳ.①F426.82

中国版本图书馆 CIP 数据核字（2020）第 077519 号

责任编辑：崔新艳
责任校对：王苗苗
责任印制：李　鹏　范　艳

食品业品牌群际关系冲突机理与企业社会责任治理研究

王春娅　著

经济科学出版社出版、发行　新华书店经销

社址：北京市海淀区阜成路甲 28 号　邮编：100142

经管中心电话：010 - 88191335　发行部电话：010 - 88191522

网址：www. esp. com. cn

电子邮件：espcxy@ 126. com

天猫网店：经济科学出版社旗舰店

网址：http://jjkxcbs. tmall. com

北京季蜂印刷有限公司印装

710 × 1000　16 开　12 印张　220000 字

2020 年 9 月第 1 版　2020 年 9 月第 1 次印刷

ISBN 978 - 7 - 5218 - 1540 - 5　定价：56.00 元

（图书出现印装问题，本社负责调换。电话：010 - 88191510）

（版权所有　侵权必究　打击盗版　举报热线：010 - 88191661

QQ：2242791300　营销中心电话：010 - 88191537

电子邮箱：dbts@esp. com. cn）

特 别 感 谢

河南省哲学社会科学规划办对本书的资助
"食品业品牌群际关系冲突机理与企业社会责任治理研究"
（项目号：2016BJJ019）

河南理工大学"工商管理学院能源经济研究中心"经费资助
（项目号：722403/012）

河南理工大学"哲学社会科学创新团队"对本书的支持
（项目号：CXTD2020 - 2）

前 言

PREFACE

2008 年爆发中国史上最为严重的"奶制品行业污染事件",以三鹿集团股份有限公司(简称"三鹿")为代表,22 家企业品牌涉事其中,这直接催生了《中华人民共和国食品安全法》(简称《食品安全法》)于 2009 年 6 月 1 日颁布实施,但制度措施并没能阻挡食品安全事件频发的态势,也未能彻底整治食品安全问题。2015 年 10 月 1 日最新修订并正式实施的《食品安全法》,增加了 50 条,加强八个方面的制度构建,号称"史上最严厉的食品安全法",但食品行业品牌危机事件仍不断爆出。

面对此类现实问题,首先应思考:我国食品行业为何经常爆发品牌群危机?引发食品品牌群和消费者之间冲突的根源是什么?其次,事前预防、事中监管和事后惩处不能有效解决食品安全问题的"黑箱"是什么?作为食品安全问题治理的主体,企业的生产经营行为关乎公众的生命与健康,其不应将经济利益至上奉为发展法则,而应加强企业的"德治"成分。衡量企业"德治"的核心指标是"企业社会责任"(corporate social responsibility,以下简称为 CSR)。早有研究指出,企业社会责任感的缺失是导致食品行业危机频发的主要内部原因,企业在经济利益与社会效益中往往偏重经济利益而忽视社会效益,因此食品安全危机事件不断爆发(鲁津,栗雨楠,2011)。企业秉承社会责任理念,以提供安全、放心、营养的食品作为发展使命,可看作"德治"视角;同时,配合"法治"治理,德法相济,也许是解决食品安全危机的根本出路。那么,CSR 能否减少品牌群危机的负面效应?如果答案是肯定的,核心的作用边界又有哪些?解答这些问题对于重建食品品牌群际信任、稳定社会心态、治理食品安全问题无疑具有重要意义。

在此背景下,本书运用多案例法、情景模拟实验法,结合群体相对剥夺感理论、利益相关者理论与形象修复理论，围绕我国食品安全导致的群际冲突问题，逐步探究了群际冲突的特征、品牌群危机产生的路径、CSR 的减缓效应、效应边界以及战略性企业社会责任治理的效果。研究有四方面的发现。

（一）基于相对剥夺感视角下的群际冲突，部分源于群际信任中的狭义信任的中间传导作用

首先，以食品业品牌群危机为显性特征的群际冲突，的确能造成消费群体内较高的相对剥夺感，并能明显直接引致负面口碑意图与消费抵制。其次，相对剥夺感引起消费者对品牌群体的集体不信任，最终产生负面口碑行为。再者，食品业群际冲突作用路径中，包括制度信任和行业信任维度的广义信任并不是相对剥夺感引发群际关系紧张的中转路径。我国食品安全问题持续受到各界关注，国家不断收紧监管与惩处尺度，并大力宣传食品安全，正在稳健构建起全社会参与的食品安全治理机制。

（二）CSR 的缓解效应因危机类型而异

出现品牌群危机之后，为了减少与公众、消费者、社区、媒体、政府、员工及债权人之间因为危机而引发的群际冲突，食品企业积极开展各类补救性 CSR 活动。基于利益相关者视角，企业较多选择的 CSR 有社区责任、消费者责任、环境责任、员工责任与组合式责任五类 CSR 行为策略。选择"品牌形象""消费者宽恕""品牌信任""品牌关系再续意愿"作为衡量五类 CSR 内容修复危机品牌的效应指标（即因变量），运用实验法，验证了在性能型危机和道德型危机（也可称为价值观型危机、伦理型危机）情境下不同的修复作用。任何 CSR 策略都能带来修复效应，但修复效应存在差异：性能型危机情境下，CSR 行为策略的修复效应优于道德型危机情境下 CSR 行为策略的修复效应。

（三）感知质量与危机范围对 CSR 策略的缓解效果产生不同影响

食品企业针对不同利益相关者的五类 CSR 策略在修复"消费者宽恕""品牌形象""品牌关系再续意愿"时，消费者对产品的"感知质量"与"危机范围"发挥不同的调节作用：感知质量对不同的修复目标均起到正向调节作用，而危机范围对不同修复目标的调节作用有时正向，有时负向。

（四）战略性 CSR 能治道德型危机

对 2009～2018 年间 92 起重要品牌群危机案例及其企业官网"食品与愿景""CSR 专栏信息"实证分析后发现，当企业行为与企业的使命和愿景相一致时，道德型品牌群危机发生的可能性显著降低。食品企业如果本着与利益相关者共同发展、共享价值的理念，就能有效治理道德型危机。

本课题探究以上问题，从理论上来说，一方面发现了基于群体相对剥夺感视角的我国食品业群际冲突产生的原因，另一方面，延伸了 CSR 效应理论，将有关 CSR 内容与效应的研究从正常情境延伸至品牌危机情境下，同时还探测到基于企业价值观追求的战略性 CSR 理念对食品安全危机的治理效果。

本研究的实践价值有三个方面。（1）探究食品群际冲突机理，为食品企业应对危机提供了关键视角，即重建消费者对品牌的信任。（2）解析危机后 CSR 对品牌形象的修复效应，引导企业高效、科学地进行危机后的社会责任活动。（3）战略性 CSR 的研究警醒企业回归社会公民身份，健康、持续地满足利益相关者的诉求，努力提高产品质量，并积极主动地践行对主要利益相关者的社会责任承诺，将 CSR 内化为企业价值观，谋求企业与社会的和谐共生。

本书得益于多项科研基金的资助，在此特别感谢。给予本书资助的分别是河南省哲学社会科学规划基金项目"食品业品牌群际关系冲突机理与企业社会责任治理研究"（2016BJJ019）、河南理工大学"工商管理学院能源经济研究中心"（722403/012）、河南理工大学"哲学社会科学创新团队"（CXTD2020－2）。

本书研究和出版得到多方帮助。感谢四川大学商学院余伟萍教授的指导，感谢河南理工大学工商管理学院的硕士研究生苗世通和文露的初期校对，感谢经济科学出版社崔新艳老师对本书出版所付出的努力。

王春娅

2020 年 6 月

CONTENTS目录

第 1 章

绪　　论

1.1　问题提出

2008 年爆发了中国史上最为严重的"奶制品行业污染事件"，以"三鹿"为代表的 22 家企业涉事，这直接催生了 2009 年 6 月 1 日《中华人民共和国食品安全法》（简称《食品安全法》）的颁布实施，但制度措施并没能阻挡食品安全事件频发的态势，也未能彻底整治食品安全问题的痼疾。而且，食品安全事件常常是几个品牌或企业同时被曝光，而后迅速波及整个产业链或产业集群，导致消费群体和食品行业品牌群之间关系冲突。在国内食品安全供给不足的情形下，国产品牌市场纷纷被洋品牌抢占，严重影响了民族品牌做大做强。

我国食品行业何以经常爆发品牌群危机？危机如何引发与消费者之间的群际冲突？事前预防、监管和事后惩处的制度性治理手段不能有效解决食品安全问题原因何在？作为食品安全问题治理主体的企业，因其从事的生产经营行为关乎公众的生命与健康，不应将经济利益至上奉为发展法则，而应加强企业的"德治"成分。衡量与体现企业"德治"的核心指标是"企业社会责任"。因为企业社会责任感的缺失是导致食品行业危机频发的主要内部原因。那么，基于 CSR，食品行业危机治理途径和保障条件是什么？

解答这些问题对于重建食品品牌群际信任、稳定社会心态、治理食品安全问题无疑具有重要意义。河南是农业大省，更是食品种植、加工、销售和消费的大省，分析食品品牌群危机事件的发生机理与治理路径，对解决食品安全问题、提升河南省人民群众的幸福感、有的放矢应对食品安全风险、引导食品企业培育责任品牌、促进我国食品产业健康有序发展，具有积极意义。

1.2 研究价值

食品安全事关消费者的健康、社会的稳定，以及食品企业的信誉和市场竞争力，在目前我国食品企业分散化经营、政府监管能力有限、而消费者对食品安全无法做出有效判断与控制的情况下，厘清品牌群危机形成机理、并构建相应的机制保障，既是理论研究之需，也是保障食品安全、维护消费者利益与社会稳定的现实需要。具体而言，研究意义主要体现在三方面。

第一，本书提出我国食品行业品牌群危机治理的 CSR 思路，对弥补法律单一监管的不足、提升食品安全程度、保护消费者健康具有重要的现实意义。

第二，通过实证研究，验证杨国亮、卫海英、王志华（2015）所构建的品牌群危机理论模型，探究食品行业品牌群危机新的作用机制，将极大地推动品牌群危机相关研究。

第三，基于企业社会责任缺失是食品行业品牌群危机的根源这一视角，分析食品企业履行社会责任的驱动力，并构建保障机制，为解决食品安全问题提供新思路，也为企业践行 CSR 打消疑虑。

1.3 研究内容

1.3.1 研究对象

本书旨在探究我国食品行业品牌群危机形成机理与基于 CSR 视角的治理策略，围绕此核心目标，本书主要包含 3 个研究对象。

1. 我国食品行业品牌群危机特征研究

基于风险理论与品牌危机理论，对国内外食品安全问题的相关文献及我国相关政策进行研究，以我国 2008 ~ 2016 年发生的典型食品行业品牌群危机事件为研究对象，搜集整理事件前后相关的公开信息，运用案例研究和内容分析方法，研究食品品牌群危机特征，探明品牌群危机频发的诱因，为后续研究打下基础。

2. 食品行业品牌群危机形成机理研究

本部分基于联想网络理论与线索启动理论，主要运用社会比较理论和社会认同理论，运用问卷法、访谈法，以杨国亮、卫海英、王志华（2015）所构建的品牌群危机形成机理理论模型为参考，并结合文献梳理和焦点访谈，构建、实证探究我国食品行业的品牌群危机形成机理。

3. 救赎性企业社会责任对品牌群危机的治理效果

借鉴修复品牌危机的互动仪式理论、详尽可能性模型（elaboration likelihood model，ELM），运用组间实验法，实证探讨品牌危机后五类 CSR 行为获得消费者宽恕的效果，以及消费者对食品的感知质量和危机范围的调节作用。希望此研究能为企业有效开展救赎性企业社会责任活动提供借鉴。

4. CSR 治理食品行业品牌群危机的战略决策

运用案例法，从企业使命和愿景信息入手，探究战略性 CSR 理念与治理道德性品牌危机的价值，从而将 CSR 从修复危机品牌的战术层面提升到战略层面，并运用问卷法探测战略性 CSR 行动方案。这为企业履行社会责任提供了充足的依据，也为企业在谋求自身发展的同时能兼顾多方利益相关者的诉求与价值共创共享提供了可能。

1.3.2 总体框架

本课题的总体研究框架如图 1 - 1 所示。

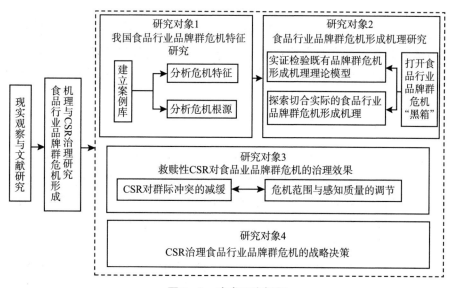

图 1 - 1 本书研究框架

1.3.3 主要研究目标

本研究重点难点主要有两点：其一，构建食品行业品牌群危机形成机理的理论模型并实证检验之；其二，探明 CSR 视角治理食品行业品牌群危机的效果与影响因素。

本书以食品行业品牌群危机为分析对象，总体目标是打开我国食品行业形成品牌群危机的"黑箱",解构形成机理,并基于 CSR 视角提出治理食品行业品牌群危机的途径,进一步分析行业践行 CSR 的内驱力,对此通过三个子目标实现:(1)运用危机管理理论,通过案例研究,厘清我国食品行业品牌群危机特征并探究危机频发的根本原因;(2)基于社会认同理论和社会比较理论,探索食品行业品牌群危机形成路径;(3)以 CSR 社会治理功能为切入点,实证检验 CSR 对群际冲突的缓释效应,并梳理食品企业将CSR 内化为战略追求的动力与保障机制。

1.4　思路方法

1.4.1　基本思路

本书的基本研究思路为:在现实观察和文献研究的基础上,提出研究问题,即我国食品行业品牌群危机与治理途径问题。为解答该问题,首先,基于品牌危机演化理论,通过案例研究,系统梳理我国食品行业品牌群危机危机的特征与根源;其次,基于线索启动理论,运用社会认同理论、社会比较理论,通过问卷和访谈法构建食品行业品牌群危机形成机制,探索品牌群危机所造成的群际关系冲突演化过程;最后,基于利益相关者理论、协同理论、治理理论,从企业社会责任视角提出食品行业品牌群危机治理的思路和实施条件。

1.4.2　研究方法

(1)文献研究法:通过中国知网、维普学术期刊网、EBSCO、Science-direct 数据库、Wind 数据库及百度学术搜索功能检索品牌群危机、企业社会责任与食品治理方面的相关文献,梳理本研究的理论基础;同时通过国家卫生部网站、农业部网站等收集各级政府在食品管理方面的法律、政策、条例等,了解国家在治理食品安全问题的制度与政策。

(2)关键事件法和实地调研法:通过媒体报道的典型食品安全危机事件,分析目前我国食品行业品牌危机特征;深入食品安全事故严重的地方市场以及食品企业,通过问卷和访谈,实地调研、探究我国食品行业品牌群危机的根源。

(3)问卷法和访谈法:运用启动线索理论,构建食品行业品牌群危机形成机理理论模型,并通过问卷调研收集数据,运用 SPSS,AMOS 分析变量间关系,验证、修订我国食品行业品牌群危机形成路径,为有效进行危机管理提供思路,也为治理品牌群危机找寻依据。

（4）情景模拟实验法：在食品品牌群际冲突发生后，企业较多实施的五类 CSR 行为对冲突的减缓效应、感知质量和危机范围的调节作用研究中，CSR 的缓释效应可能会受诸多因素影响，因此采用情景模拟实验法以操控相关变量，尽可能还原自然情景，实施数据收集。

本书使用到的统计分析技术主要包括信度效度检验、验证性因子分析、回归分析、方差分析等，经由软件 SPSS 22.0、AMOS 24.0 来实现。

1.5　研究价值

第一，发现了食品业群际冲突的传导机制。本书从消费者的相对剥夺感视角，以群际信任为关键因素，考量了消费抵制、报复欲望和负面口碑三方面的群际冲突产生路径，发现食品业的品牌群危机的确能造成消费群体内较高的相对剥夺感，并能明显引致消费抵制、负面口碑与报复欲望。其中的传导机制在于：品牌群危机首先给消费者带来相对剥夺感，从而引起消费者对品牌群体的集体不信任（狭义信任），进而导致负面口碑行为，但是当消费者抵制消费或者想要报复品牌群时，并不会通过群际信任的中介。

第二，验证了企业"修为"与"修德"并重理念的重要性。研究发现，并非所有的品牌消费冲突的负面影响都可以借助企业社会责任加以修复，因而提出了 CSR 治理食品安全问题的思想，即企业"修为"与"修德"并重。

本书首先发现，在性能型危机情境下，无论企业选择何种 CSR 行为策略，均能同时获得消费者宽恕，重塑品牌形象并重建消费者与品牌的关系再续意愿。然而，在道德型危机情境下，环境责任、消费者责任、员工责任、组合式责任这五类 CSR 行为方案策略只能重建关系再续意愿，因而其作用大大受限。此发现让企业明白，一时的能力欠缺导致产品有缺陷的无心之过可以借向与危机密切关联的主要利益相关者（环境、消费者、员工、社区）实施 CSR 行为策略得以挽回，获得救赎；但如果品牌危机缘于企业道德缺陷，为有意之举，那么危机后企业无论打着何种名堂的道德大旗，都无法修复品牌形象、获得消费者宽恕，只能重建关系再续意愿。因此，企业一旦出现道德危机，幻想靠卖力行善就可洗白，结果往往是"亡羊补牢为时已晚"，立德才可畅行天下。

其次，本书发现，消费者对产品的质量感知正向调节各类 CSR 行为的积极作用，因此强调：无论何种德行，提升产品服务消费者的能力，改善产品质量始终是根本。企业社会责任最为基本的要义，就是为公众、为社会提供安全可信赖的产品与服务，亡羊补牢本是应该，但这仅仅是应对危机事件的手段，并非社会责任的体现；而如若因为质量问题损害了基本的社会功能，再多"慈善秀"也难以塑造良好的企业形象，因此提高自身"修为"是企业和品牌长久生存的根本。

第三，提醒企业重视维系与消费者之间的情感纽带。在食品业品牌群体性危机情境下，消费群体很容易将经营者放置在对立面，愤怒等负面情绪瞬间爆发，从而直接引发群际冲突（导致消费抵制与负面口碑），所以，食品类生产经营者要尊重消费者，在满足饮食安全、卫生、营养基本消费需求的前提下，重视消费者的情感需求，构建食品品牌方和消费者的相互供养关系，这样才不至于在危机时，消费者和企业相互不尊重。

第四，建议食品经营者培育负责任的品牌。尽管本书研究证实 CSR 能减缓冲突对品牌的负面效应、战略性 CSR 能减少危机发生频率（即 CSR 的治理效果），但很多食品经营者将企业社会责任归为成本支出，视为权宜之计，危机后将慈善公益行为视为"遮羞布"或者"作秀"，这会导致食品企业的功利性 CSR 理念。对食品这一特殊商品来说，培育对消费者负责任的品牌才是真正贯彻 CSR 理念。因此食品经营者首先要怀有常态化管理风险的意识和能力，其次要诚实守信、勤练内功，培育负责任的品牌，避免消费进行品类转换或品牌转换。

第 2 章

国内外研究现状及述评

2.1 基本概念

2.1.1 食品行业与品牌群危机

我国 2009 年的《食品安全法》将"食品"定义为"各种供人食用或者饮用的成品和原料以及按照传统既是食品又是药品的物品,但是不包括以治疗为目的的物品"。食品包括可食用的农副产品、以农副产品为原料的加工产品。食品行业涉及食品的生产、加工、流通和消费众多环节,参与此类环节的企业、个人、组织等构成了食品行业的行为主体。

立足企业视角,"品牌群"最早被阿克和约阿希姆瑟勒(Aaker, Joachimsthaler, 2000)称为品牌集群,是指具有共同特征的品牌的逻辑组合,主要针对某个企业的"品牌家族""旗下品牌"的品牌组合战略。杨国亮、卫海英、王志华(2015)立足于消费者视角,旨在反映消费群体对某一品牌群体的共有态度和行为。品牌群既可以是"横向"(彼此竞争)上的(如行业品牌群),也可以是"纵向"(彼此合作)上的(如供应链品牌群),或者二者的混合集(杨国亮,卫海英,王志华,2015)。本研究聚焦的品牌群既有横向的也有纵向的。

要了解品牌群危机概念,首先需界定清楚品牌危机。品牌危机是指企业营销过程中发生的关于产品、服务或企业整体的具有较大破坏性和传播性的事件(田阳等,2013),是被公开、被大量消费者关注并会给产品品牌带来严重负面影响的事件(青平等,2019),类型多为诚信型和能力型两种(Votola et al.,2006)。品牌群危机也叫群发性危机(汪兴东等,2012)、行业产品伤害危机(任金中,景奉杰,2013)、多品牌产品伤害危机(张璇,张红霞,2013)、行业潜规则型产品伤害危机(余伟萍,崔保军,2015)。品牌群危机是多个品牌"同时"发生危机的现象，是一组品牌与消费群之间的关系冲突状态（Cleeren et al. 2013；Gao et al.，2013），也是若干消费者的认知图式中所共同建构的他们与某一特定品牌群体之间的关系冲突状态，是品牌群体与消费群体之间"多对多"的群际关系状态（杨国亮等，2015）。

品牌群危机是一种社会建构，具有两面性：如果群体间出现了"社会创造"的成分，则危机具有建设性；如果出现了"社会竞争"成分，危机就具有了破坏性。我国食品行业不断出现的品牌群危机，"社会创造"成分远远多于"社会竞争"成分（杨国亮等，2015）。品牌群危机表现为消费群体与品牌群体之间的关系冲突过程，因而需要借助群际关系理论剖析其发生机理（杨国亮，卫海英，2016）。

2.1.2 群际关系冲突

群际关系冲突有时称为群际（体）冲突（Intergroup conflict），是指人们把自己看作不同社会群体的成员而非单独个体而发生的外显或内隐的对抗行为，是人们把自己看成是群体成员的重要决定因素（Tajfel，Turner，1979），是外群体成员与内群体成员各自感受到群际威胁或实际受到伤害后的负面情绪（生气、愤怒、害怕、失望、焦虑、无助、怀疑等）（阎俊，佘秋玲，2010；Gelbrich K. Anger，2010）与消极行为（李恩洁，凤四海，2010；郭国庆等，2010）的反映与表现。群际不信任是群际关系冲突的实质（杨国亮，卫海英，2016）。

2.1.3 企业社会责任

1. 企业社会责任概念界定

企业社会责任（CSR）是指企业在创造利润、对股东利益负责的同时，还要承担对员工、对消费者以及对社区和自然环境的责任，主要包括遵守商业道德、生产安全、保护环境、捐助社会公益、保护弱势群体等活动（谢佩洪，周祖城，2009）。食品安全与CSR密切相关，要保证食品安全，最重要的是企业要承担应有的社会责任（吴宝晶，2014）。

2. 企业社会责任内容

无论是管理学界影响最大的金字塔结构的四责任模型（Carroll，1991），还是三重底线（经济责任、社会责任、环境责任）的定义（Elkington J.，2004），抑或是社会责任国际组织 ISO 26000 的界定，企业社会责任内容框架都是综合的而不是部分责任（周祖城，2017）。有关企业社会责任内容的文字表述，在学术研究上，多用"CSR 维度""CSR 指标体系""CSR 评价体系"

"CSR 指数""可持续发展指数"等表述，在企业实践中，多用"CSR 议题""CSR 范围"等，本书中，多用"CSR"与"CSR 维度"进行表达。

在不同时期、不同的社会文化背景和制度安排下，特定组织、中外学者从不同视角对 CSR 维度进行了不同分类（Sethi，1975；Isabelle and David，2002），因为即使用相同主线分析，在不同的时期和不同国家，政治、金融、教育、劳动力及文化体系构成了特定的"国家商业体系"（Matten et al.，2008），因而他们所支持或认可的 CSR 维度不尽相同，相应的 CSR 也不尽一致。

文献梳理后发现，有关 CSR 框架的划分，有国际与国家标准、有理论界从不同视角的划分结果，还有具体到特定行业（如食品业）的划分办法。有关 CSR 对消费者反应的实证研究中忽视了 CSR 具有不同领域的特性，因而得出的研究结论存在差异（董伊人，赵曙明，2010）。食品行业关乎国计民生并与其他行业紧密相连，食品安全是全社会关注度最高的民生问题，也是经济发展和社会稳定的重要基石，食品的特殊性质决定了食品企业承担社会责任的重要性。福克斯和卡尔法安尼（Fuchs，Kalfagianni，2009）界定的食品行业 CSR 是指企业保证食品、食品安全、质量、环境与社会的可持续发展的行为。

（1）国际与国家标准。鉴于 CSR 评价体系的混乱，1976 年世界经合组织颁布《跨国公司行为》，专门规范跨国公司经营的社会准则，之后，美国金融机构率先发布多米尼 400 社会责任投资指数（KLD）、道琼斯可持续发展指数（DJSI）、全球报告倡议（GRI）、全球契约标准（global compact），2010 年 11 月，CSR 国际标准化组织发布《社会责任指南标准》（ISO 26000）。我国在 2015 年出台了基于国际《社会责任指南》的我国企业社会责任的国家标准（GB/T 36000 - 2015，2016），之后逐年完善。详细内容见表 2 - 1。

除了官方机构的划分标准外，《南方周末》从 2003 年一直致力于建设一套客观评价的 CSR 指标体系。通过十多年来的不断发展和完善，在 2014 年对评价指标体系大幅修改后推出了涵盖 5 个一级指标（经济指标、管理指标、合规指标、环境指标和社区指标）、10 个二级指标和 30 个具体评价指标的全新企业社会责任评价体系。

（2）学术界的划分标准。学术界对 CSR 的划分主要有三个视角。第一种基于利益相关者理论，以对谁负责为视角。第二种是根据卡罗尔（Carroll，1991）的金字塔模型，认为有四种性质的社会责任（经济的、法律的、伦理的和慈善公益的）。第三种是根据 CSR 议题来划分。三个视角的划分结果和代表性研究见表 2 - 2。

表2-1　国际和国家标准层面的广义CSR体系

年代	组织名称	标准名称	内容体系	意义	评价
1976	世界经济合作与发展组织（OECD）	跨国公司行为准则	10方面：不干涉东道国国内事务和政府间关系、反对行贿行为、尊重人权基本自由、劳动标准、转移定价、税收、技术转让、反竞争行为、消费者保护与环境保护等	是第一个约束、规范跨国公司经营行为的、有一定社会责任性质的规范性条例	更多涉及跨国公司一般性行动规范，而对没有特定CSR行为界定清楚
1990.10	美国某金融机构	多米尼400社会责任投资指数（KLD）	七个方面：产品质量、安全、员工关系、人权、社区关系、环境、多元化	用来评价与CSR有关的股票指数	集中考量企业社会责任型投资的力度
1999	道琼斯公司	道琼斯可持续发展指数（DJSI）	五大类：公司管理、供应链管理、人力资源管理、人权、风险危机管理和环境绩效	是全球第一个把可持续发展纳入公司财务表现的指数	对消费者、员工等利益相关者的利益关注不够
2000.07	联合国	全球契约标准（global compact）	10项基本原则：尊重和维护人权，不参与漠视和践踏人权的行为，维护结社自由、人劳资集体谈判的权利，消除强制性劳动、杜绝用工歧视行为，消除童工，做好应对环境挑战的准备，主动增加环保责任，鼓励无害技术的发展与推广，企业应反对各种形式的贪污	对跨国公司的社会责任行为有更为详细的规范性要求	主要集中在人权、劳工标准、环境及反贪污方面
2002	对环境负责经济体联盟（CERES）和联合国环境规划署联合颁布	全球报告倡议（GRI）	五方面：远景构想与战略、概况、管治架构和管理体系、GRI内容索引、业绩指标等内容，其中业绩指标包括经济业绩、环境业绩和社会业绩等	提供了企业编制可持续发展报告的基本框架	CSR的标准较为广泛，评价内容抽象

续表

年代	组织名称	标准名称	内容体系	意义	评价
2010.11	CSR 国际标准化组织	社会责任指南标准（ISO26000）	七大项：37 个核心议题，217 个细化指标	国内外第一个 CSR 标准	指标体系较多，在实际应用中，数据收集存在较多障碍
2010.04	财政部、证监会、审计署、银监会和保监会联合发布	《企业内部控制应用指引第 4 号——企业社会责任》	从安全生产、产品质量、环境保护、职工权益等四方面落实企业社会责任	—	指出了一般企业的 CSR 要求外，还指出特殊行业要特殊对待
2014.06	国有企业评估协会联合清华大学社会科学学院	《中国企业社会责任评价准则》（简称《准则》）	10 个一级评价标准（63 个二级和三级评价标准）：法律道德、质量安全、科技创新、诚实守信、消费者权益、股东权益、员工权益、能源环境、和谐社区、责任管理等	对标准进行排序并有得分比重，以体现了各个标准的重要程度	加入了具有中国特色、面向中国企业的指标元素，使社会责任评价更加客观、科学
2015.06	国家质量监督检验检疫总局、国家标准化管理委员会	国家标准 GB/T 36000	七大履责主题：组织治理、人权、劳工实践、环境、公平贸易实践、消费者问题与社区参与和发展；七大准则：担责、透明、合乎道德的行为、尊重利益相关方的利益、尊重法治、尊重国际行为规范以及尊重人权	较符合我国企业	没有根据行业的质性而提出不同覆盖范围

注：根据《社会责任指南标准（ISO 26000）》《中国企业社会责任评价准则》等相关资料整理。

表 2-2　　　　　　　　　　学术界对广义 CSR 的代表性研究

视角	理论依据	结果与代表性学者
对谁负责	利益相关者理论	1. 对员工、消费者、政府和社区、股东和债权人、合作伙伴以及环境承担责任（Freeman，1984） 2. 环境保护、能源利用、对产品和消费者的责任、社区责任、对员工的责任和其他责任（Thompson and Zakaria，2004） 3. 对三类（外部的、内部的和公共的）利益相关者负责：内部人包括股东、管理人员和普通员工；外部人包括供应商和分销商、顾客，公众划分为三类利益相关者；社会公众有政府、环境和社区（郑海东，2012；Sharma，2013） 4. 在创造利润、对股东利益负责的同时，还要承担对员工、对消费者、对社区和环境的社会责任，具体包括遵守商业道德、生产安全、职业健康、保护劳动者的合法权益、保护环境、支持慈善事业、捐助社会公益、保护弱势群体（黄静，刘秋玲，2014）
什么性质	金字塔模型	1. 经济责任、法律责任、伦理责任和慈善责任（卡罗尔，1991） 2. 温莎（Windsor，2001）进一步指出经济和法律责任是社会对企业的基本要求，道德责任是社会对企业的期望，而慈善责任是社会渴望企业承担的责任，每一个都是企业整体社会责任的构成部分
何种议题	ISO26000、GRI 标准	划分为八个维度：责任治理、经济、人权、劳动实践、环境、公平运营、消费者问题、社区发展（齐丽云，李腾飞，尚可，2017）

资料来源：根据相关文献整理。

　　此外，李伟阳，肖红军（2010）分别从三个角度进行了分类：按责任对象划分，包括股东责任、员工责任、客户责任、伙伴责任、社区责任、企业公民责任等对利益相关方的责任以及对环境的责任；按责任性质划分，包括经济责任、社会责任和环境责任；按履行责任的自我选择程度划分，包括必尽之责任、应尽之责任和愿尽之责任。无论何种视角，企业要有全面社会责任管理思想，要对其所承担的各种互相作用、互相制约、互为存在的社会责任进行平衡管理（李伟阳，肖红军，2010）。

　　（3）食品业 CSR 体系。食品行业是任何一国的基础产业，而且食品供应链管理具有独特传导性、质量信息的协同性特征，如食物霉菌超标可能源于物流、仓储环节疏漏所致，因此食品供应链企业的 CSR 框架不仅具有一般企业 CSR 框架的共性特征，还应突出该行业的独特性。然而，国内外现有的有关食品业 CSR 框架的研究成果都存在不尽如人意的地方。如迈克尔和马洛尼（Michael J. Maloni，2006）所归纳的框架强调国际贸易的公平、人权与动物关爱等议题，而这与我国现实国内环境不相吻合。张鲁光（2015）

划分的经济效益、社会责任、环境责任三维内容的内涵表达不清，而且将社会贡献和食品安全责任这两个二级指标归结为社会责任，与环境责任和经济效益平级，这很容易被理解为经济效益责任与环境责任不属于食品行业社会责任，显然不合现实市场的需求。

李年琴，姜启军（2014）同时综合利益相关者理论和卡罗尔的金字塔模型，构建的食品供应链核心企业八方面社会责任框架中的法律责任与自愿责任没有利益相关者指向，同时将企业的经济责任排除在外。我国社科院《食品行业社会责任发展指数（2015）》展示的责任管理、市场责任、社会责任、环境责任"四位一体"的食品企业社会责任评价指标体系中，"责任管理"应该隶属于食品企业使命与发展战略层次，而"责任管理"中的"食品供应链责任"层次并没有明确供应链责任内容。"市场责任"中的"客户服务""食品研发与创新"其实就是针对消费者的责任，而这一层次的另一方面"员工关爱"所列的具体指标就是员工责任，将社区公益慈善归结为"社会责任"也不合适。以北京理工大学社会责任研究中心主任李健（2015；2016；2017）为代表的课题组以中华人民共和国国家标准《社会责任指南》（GB/T 36000－2015）和《食品安全法》为依据，将食品企业社会责任履行评价指标分为 7 个一级指标［社会责任、员工责任、环境责任、消费者责任、市场责任（公平运行的责任）、社区责任、食品安全与质量责任］，73 个二级指标，但是 7 个一级指标不在同一个概念层次，或者在同一层次有又重叠的地方："社会责任、员工责任、环境责任、消费者责任、社区责任"是根据责任对象划分的；"食品安全与质量责任"是根据责任性质划分的，而且二者又是对消费者实施的责任；社会责任和社区责任又容易混淆。

本研究基于利益相关者理论来界定食品业 CSR，原因有三。首先，这最接近 CSR 的元定义。肖红军等（2015）根据"企业存在的最终目的是增进社会福利"的逻辑起点，指出企业社会责任的"元定义"：在特定的制度安排下企业以透明和道德的方式，有效管理自身运营对社会、利益相关方和自然环境的影响，追求在预期存续期内最大限度地增进社会福利、最大化对可持续发展贡献的意愿、行为和绩效。其次，食品业的价值链管理具有独特传导性、质量信息的协同性特征，因此强调社会责任的链条影响，供应商、分销商、制造商直至消费者都应该纳入责任实施对象范畴。最后，食品行业是众多行业中的一类，其 CSR 层次应该具有一般行业 CSR 框架的共性特征，只是在具体某一层次 CSR 语言表述与权重不同而已。

基于以上三点，本研究基于利益相关者理论，选择性地吸收学者、机构所划分的一般行业的 CSR 框架，并重点借鉴李健（2015；2016；2017）对食品业 CSR 评价体系的研究，同时参考食品行业最具有代表性的乳制品企业——蒙牛乳业五年来（2013～2017）《企业社会责任发展报告》所展示的 CSR 架构，构建了表 2-3 所示的食品业 CSR 框架。该框架以食品价值链生产企业为分析对象，参考郑海东（2012），夏尔马（Sharma，2013）划分的三类利益相关者（外部的、内部的和公共的）标准，将食品生产企业的主要利益相关者也分为三类：劳资方（员工、股东、债权人）、价值链成员（供应商、分销商、消费者）以及社会公众（政府、环境、社区）。企业要满足利益相关者的社会责任诉求（见二级指标）。

表 2-3　　　　　　　　　　　食品业 CSR 框架

CSR 对象	一级指标	二级指标
劳资方	股东责任	1. 提供满意的投资回报；2. 防止大股东侵犯小股东的利益；3. 向股东提供充分真实的信息；4. 树立良好的企业信誉；5. 保证企业的长期生存和发展；6. 努力降低成本；7. 严密监督员工生产率；8. 制定和执行企业长期发展战略
	员工责任	1. 按时发放薪酬与福利；2. 足额发放薪酬与福利；3. 及时、足额为员工缴纳社保；4. 提供安全健康的工作环境和工作条件；5. 由内部培训和在职教育代替解聘；6. 依法严格执行员工工作、休息和休假时间；7. 注重员工业余生活；8. 注重员工发展；9. 困难员工帮扶投入；10. 为特殊人群（如孕妇、哺乳妇女等）提供特殊保护
	债权人责任	1. 按时足额归还欠款；2. 与之建立长期稳定的合作关系；3. 在债权人审查贷款条件时提供真实信息；4. 按照约定的用途使用贷款
食品价值链成员	供应商责任	1. 按时足额偿付货款；2. 与供应商建立稳定业务关系；3. 提供技术支持；4. 提供财务支持；5. 公平公正对待各供应商；6. 不利用买方优势欺压供应商；7. 赋能培训；8. 保障食品原材料安全
	分销商责任	1. 稳定及时供货；2. 为分销商的业务增加价值；3. 提供财务支持；4. 提供技术支持；5. 提供相关的生产和产品信息；6. 赋能培训；7. 监管食品安全销售
	消费者责任	1. 提供安全、营养、健康、合格的食品；2. 不断改进食品质量，积极研发新品；3. 食品价格合理；4. 对问题食品及时下架、召回、封存、销毁；5. 向因使用、消费问题食品而已经或可能造成损失的消费者提供赔偿、补偿、跟踪服务等；6. 提供全面真实的食品信息；7. 保有消费者对食品的知情权；8. 宣传食品消费与营养知识、引导健康生活方式；9. 保密消费者私人信息；10. 积极响应并有效处理顾客投诉；11. 合规合法使用抗生素、添加剂等；12. 接受第三方食品质量安全认证

CSR 对象	一级指标	二级指标
社会公众	政府责任	1. 依法纳税；2. 杜绝商业贿赂；3. 遵守法律和规章；4. 积极配合政府的食品监管；5. 诚信授信经营；6. 配合政府解决贫困、灾难、犯罪等社会问题；7. 帮助政府创造就业机会
	环境责任	1. 废物排放严格遵守国家标准和法律；2. 实施能源节约、减排和保护环境的项目；3. 及时有效修复对环境造成的损害；4 主动真实全面公布企业的环境信息；5. 接受环境影响的第三方机构评估；6. 科技创新，开发节能环保食品；7. 向公众倡导环保理念；8. 支持环保项目；9. 合理使用化肥、农药，不对土地、水质造成污染
	社区公益责任	1. 帮助社区发展；2. 关注医疗卫生；3. 资助学校教育与科研、社会培训；4. 支持社会文化体育事业；5. 帮扶关怀弱势群体（如偏远山区孩子妇女、贫困母亲、留守儿童、鳏寡老人、残障人士、环卫工人等、打工子女教育、农民工等）；6. 关怀特殊群体（如部队官兵、交警、空巢老人、抗战老兵等）7. 灾难捐助；8. 支持妇女发展

资料来源：根据相关文献整理。

2.1.4　企业社会责任治理

企业为经济利益而牺牲社会效益，将会引发社会冲突（李伟阳，2010），尤其在食品行业，如企业生产假冒伪劣品、恶性竞争、出现行业垄断等行为时，在媒体的传播下，将激起社会对企业甚至整个行业的不满，引发群体性抵抗与负面口碑。企业是社会风险的可能影响者，还是社会风险的重要引发者（李文祥，2015），社会治理主体多元化的时代趋势与风险管控的多主体，要求企业承担起社会治理的责任，发挥社会治理的功能。企业面向社会履行社会责任，在保证产品质量与使用安全的前提下既能保障自身的生存与发展，又能根本解决社会问题。因此，较之经济效益，CSR 的社会管理功能同样成为保障企业竞争力的坚实基础，CSR 行为已经成为对企业发展具有战略意义的行为（李文祥，2015）。莫斯卡卢和温蒂拉（Moscalu and Vintila，2012）的研究结果表明，CSR 能够降低社会风险程度，即企业履行社会责任除了可以塑造良好的企业公民形象外，还能减少市场风险，这就是 CSR 治理功能。

2.2　品牌群危机形成机理研究回顾

有关品牌群危机的形成机理研究，目前国内外研究者中，杨国亮、卫海英、王志华（2015）的研究较为透彻。他们针对天涯论坛"天天315"中所反映的家装行业真实群发性产品伤害危机案例，采用语境分析方法，理论探索了品牌群危机中的群际关系冲突形成途径：作为启动线索的产品伤害与服务失败事件，首先同时激发了群体内的社会认同过程（基于社会认同理论）和社会价值比较过程（基于社会比较理论），社会群体认同进一步导致群际情绪和群体相对剥夺感，而社会价值比较也同时消极影响群际情绪和群体相对剥夺感，最终产生消费者的联合抵制与负面口碑的群际关系冲突，品牌群危机由此形成。但是，食品行业的品牌群危机与其他行业的品牌群危机有何不同，目前研究较少。

2.3　食品行业品牌群危机治理相关研究

针对如何解决食品行业品牌群危机，提高食品安全的问题，学者们提出了社会治理构想，即生产者、销售经营者、消费者、政府部门、行业组织、科技研究机构等私人主体和公共主体进行部门协作，提高食品安全治理的效率（Henson et al.，1993；Garcia Martinez Marian et al.，2007）。在公共部门的引导、推动，私营部门的参与、配合下，才能有效维护食品行业的公共利益（谭珊颖，2007），这是因为食品安全问题具有较强的公共性、社会性特征。基于此，国外学者亨森（Henson，1993）和汤普金（Tompkin，2001）较早指出，食品安全治理需要公私部分的通力协作。近年来，国内学者也强调，我国的食品安全治理应从政府一元主导下的各级多部门切块分段监管模式向政府、企业、社会等多主体共同参与的社会治理模式转变（谭珊颖，2007；王虎、李长健，2008；定明捷、曾凡军，2009；刘飞、李谭君，2013 等）。

《2018 年中国区块链产品白皮书》指出，依靠区块链的数据存证与固化技术及智能合约，可以实现食品生产、加工、物流、销售等环节的协作，使数字产品信息（如原产地信息、工厂加工记录、检验报告、有效期、运输过程等）与相应的食品建立数字化关联。信息的准确性和可信度大大提高，可实现所有食品供应链参与方共享交易记录，极大地促进食品供应链参与方的彼此互联、互信与协作，减少或杜绝食品链条上发生危机的可能性与多米诺骨牌效应。但是目前区块链还面临技术门槛、性能不足、安全威胁等多方面的挑战，目前基础设施并不完备，整个技术不成熟的情况可能在短时间内无法改变[①]，因而依靠先进技术治理食品安全风险与品牌群危机的道路仍旧

---

① 本段以上文字引自《中国食品报网》http：//www. cnfood. cn/shiyaojianju129898. html。

漫长，但是倡导企业社会责任意识、依赖德化教育践行企业社会责任治理的方法是切实可行的。

2.4　我国食品安全管理的法律、制度、政策研究

1993 年 2 月到 2019 年 5 月期间，我国从中央到地方有关食品安全的法律、法规、文件、政策等数不胜数，从体制机制、法律法规、产业规划、监督管理等方面采取了一系列重大举措，以确保食品安全。如 1993 年《产品质量法》，2005 年《食品生产加工企业质量安全监督管理实施细则（试行）》，2007 年《食品召回管理规定》，2009 年《食品安全法》《关于加强食品安全风险信息管理工作方案》《全国打击违法添加非食用物质和滥用食品添加剂专项整治近期工作重点及要求》，2010 年《安全风险监测管理规定》《食品安全国家标准管理办法》，2012 年《食品安全国家标准食品中农药最大残留限量》，2014 年 3 月的《关于严厉打击生产经营假冒伪劣食品违法行为进一步加强农村食品市场监管工作的通知》，2015 年 10 月 1 日的《食品安全法》。2019 年 5 月 9 号的《中共中央国务院关于深化改革加强食品安全工作的意见》，对食品安全工作做出重大部署，遵循"四个最严"要求，建立食品安全现代化治理体系，提高从农田到餐桌全过程监管能力，提升食品全链条质量安全保障水平，同时也指出，"我国食品安全工作仍面临不少困难和挑战，形势依然复杂严峻"。

其间针对网络订餐平台安全频现的现状，为加强网络餐饮服务食品安全监督管理，保证餐饮食品安全，自 2016 年 10 月 1 日起施行《网络食品安全违法行为查处办法》，2018 年 1 月 1 日起施行《网络餐饮服务食品安全监督管理办法》，两者并列监督管理网络餐饮服务食品安全。2019 年 1 月 1 日起实施《电子商务法》，正式建立网络食品行业秩序，进一步促进网络食品行业规范化发展。

2.5　研究述评

通过对现有的品牌群危机形成机理的研究发现，以杨国亮、卫海英、王志华（2015）为代表的研究运用语境分析法，对家装行业的产品伤害危机和服务失败真实案例构建了理论模型。之后运用群际关系理论，聚焦食品行业进行研究。实证研究发现，在产品伤害或服务失败事件的启动下，消费群体成员的社会比较倾向和群体认同都会提高群体相对剥夺感，进而激化消极

群际情绪特别是愤怒情绪，破坏群际信任，由此，群际关系冲突出现（杨国亮，卫海英，2016）。但是，该研究将群际负面信任等同于群际冲突，显然不符合现实的食品行业群际冲突的全部状态：消费者焦虑、怀疑、负面口碑扩散、联合抵制等。现有有关食品行业危机治理思路的相关研究也没有系统论证行业企业履行 CSR 而有效管控危机的理由、途径及其保障机制。

对我国相关政策法规解析后发现：我国从中央到地方自 1993 年 2 月到 2019 年 5 月有关食品安全生产、加工、销售的法律、法规、文件、政策等多达 60 多个，但没有强调法治与德治齐头并进的法律要求和制度规定。

因此，本书首先通过文献（包括制度法律）和案例探究我国食品行业品牌群危机特征，打开事前预防、监管和事后惩处的制度性治理手段不能有效解决食品安全问题的"黑箱"。其次，基于社会比较理论和社会认同理论，运用问卷法与访谈法，实证研究线上和线下食品品牌群危机的形成机理。再次，采用多次情景模拟实验法，检验 CSR 对品牌群危机的缓释效应和作用边界。最后，探索战略型 CSR 治理食品品牌群危机的可能性。

第 3 章

基于品牌群危机的食品
行业群际冲突特征

食品行业群际冲突主要体现为食品生产、加工、运输、销售等环节出现食用质量安全问题后，经由媒体或网络平台曝光而引发的品牌群危机事件，或者食品质量安全隐患导致的群体食用性风险事件。本章首先搜集 2009～2018 年我国食品行业品牌群危机典型案例，接着归纳公众广泛关注的食品安全事件，之后运用内容分析法，统计群发性危机事件的频次、类型、严重性程度、危机企业属性，危机对消费者健康损害、消极情绪与行为等主要变量，借鉴外显与内隐理论，从外显性的冲突表征与内隐性的群际心理两大方面归纳食品行业群际冲突特征。

3.1 群际关系冲突理论

群际关系冲突理论关注不同群体之间的对抗性、竞争性心理与行为。该理论认为群际冲突是一个由歧视、敌意等内隐性冲突发展成为对抗性、侵犯性行为的外显性冲突的动态过程（付宗国，2005），会经历从消费群体的"觉知利益受损"到"情感唤起"直至"内群体集体行动"的过程，三阶段之间相互影响、相互牵制和促进，最后演化成群际关系冲突。消费群体与品牌群体之间的竞争、冲突集中体现为品牌群危机，品牌群危机是隐含着群际关系冲突的一种社会现象，其显著表征是多个品牌"同时"发生危机，是一组品牌与消费群之间的关系冲突状态（Cleeren et al.，2013；Gao et al.，2013）。根据被卷入品牌数量的多寡，品牌群危机是指行业内有两家或两家以上企业卷入危机（汪兴东等，2012），消费者接触到关于危机企业和缺陷产品的负面信息增多，认为缺陷产品具有行业普遍性，因而感知风险增加的状态（景奉杰等，2012）。可见，品牌群危机是品牌产品的供给方与消费群体之间的"多对多"关系冲突状态。群际不信任是群际关系冲突的核心元素（Jasper, De Vries, et al., 2015）和实质（杨国亮，卫海英，2016）。内隐性冲突集中体现为消费群对品牌群体的信任水平下降，外显性冲突多表现为危机多发或频发、多个主体被卷入。

3.2 目标案例

3.2.1 案例选择

依据四条标准选取食品行业群发性危机案例。第一，案例时间跨度为2009～2018年，共10年时间，依据有四。第一，2009年我国《食品安全法》正式实施，企业与公众对食品安全与社会责任更为关注。第二，较长的时间跨度有利于看清群际冲突全貌。第三，所选取的案例要涵盖食品原材料供应、加工、运输与销售三个阶段。因为食品链条最长，风险具有分散性，在三个主要环节均发生过食品安全事件，若时间跨度太短、样本数量太少，则无法系统归纳出食品行业品牌群危机属性。餐饮业食品安全事件多是由于食材原料品质难以把控、食品加工流程存在疏漏、储存的温度和湿度问题、加工环节操作不当导致的。第四，案例中要有明确的两个及两个以上品牌方，如果仅仅有具体的食品安全事件，但报道并没有明晰的品牌主体方或主体方少于两个，则不在分析对象范围内，如2017年广泛曝光的"老酸奶添加工业明胶"事件（无品牌方）、2018年5月，央视《每周质量报告》曝光的校园周边"五毛"零食滥用添加剂、使用非法食品添加剂问题（无具体的品牌方）、2011年"瘦肉精"事件等。

危机案例主要来源于四个渠道：首先是电视（尤其是当年315晚会曝光的食品类危机）、网络广泛报道的、同时在当年食品安全大事件中引起社会强烈反响的案例。其次，来自课题组从2012年9月开始持续关注的腾讯财经网相关信息。再次，来自中国食品网、中国食品安全网、食品安全中国网、食品安全曝光台、中国行业研究网等所报道的当年十大食品安全事件、重大食品安全事件、食品行业舆情报告。最后，来自中国经济网视频频道的曝光台，以及百度新闻和"掷出窗外"的相关报道。

3.2.2 分析对象

本研究收集食品业10年间典型品牌群危机事件24类96起案例。其中同类危机多次出现，如"乳制品营养成分作假、乳制品违规添加"从2009年到2012年共发生5起；白酒行业"塑化剂"风波在2012年和2018年均曾出现。

3.3　编码设计与信度检验

3.3.1　编码设计

1. 编制操作指南

编码操作指南由三个部分构成：引言、编码程序与编码类目。引言交代研究内容与目标、主要概念；编码程序描述编码步骤和注意事项，编码类目对每个类目进行赋值，并进行操作化定义。

2. 编码过程

编码人员为某高校市场营销专业高年级博士生，并在前期参与了详细培训。编码人员按照以下程序完成编码：（1）阅读和深入理解编码操作指南；（2）每次编码前仔细阅读编码操作指南；（3）三位编码人员独立编码；（4）初步编码结束后三位博士生专家对差异之处进行讨论，编码一致率达到 86.7%；（5）对于编码的结果，由两位专家进行检查以形成最终结果。

3. 编码类目

内容分析法的核心是构建分析框架，选定分析单元和设立分析类目是首要任务。根据本研究的目标和任务，选择食品行业品牌危机属性（本书只涉及危机发生时间、危机名称、危机类型、严重性、群发性或单发性及品牌企业性质）作为关键词，抽取样本的关键信息。编码类目及赋值见表 3-1。

表 3-1　　　　　　　　　　　　编码结果

分析单元	类目及赋值、操作化定义	
危机类型 = V1	性能型 = 1 道德型 = 2	性能型品牌危机是指公众对品牌功能性利益产生疑问而导致的曝光事件，如汽车零部件问题引起召回、农夫山泉"水质门"等；道德型品牌危机指影响品牌传递象征性利益能力的社会或者伦理道德事件，如性骚扰、种族歧视、环境污染等
危机严重性 = V2	严重 = 1 轻微 = 2	危机严重性是指危机造成的影响生理健康程度、影响心理感受程度（阎俊，佘秋玲，2010），有研究者用严重和轻微两个等级衡量（Coombs，1995）

分析单元	类目及赋值、操作化定义	
群发/单发 = V3	单发性 = 1 群发性 = 2	单发性危机是指行业中只有一家企业发生危机，若行业中有两家或两家以上企业发生危机则称为群发性危机
企业性质 = V4	国有企业 = 1 民营企业 = 2 外资企业 = 3	本书根据研究目标选择三类，这也与目前我国市场的企业社会责任实践相吻合；性质界定来源于企业官网"企业简介"的表述
危机所在环节 = V5	1 = 供应阶段 2 = 生产加工阶段 3 = 储运销售阶段	食品价值链包括原材料生产供应、生产加工、储运销售三大阶段

（1）品牌群危机类型。

V1——品牌危机类型：性能型品牌危机是指影响品牌功能的产品属性问题事件，如汽车零部件问题引起召回、瓶装水"水质门"事件等；道德型品牌危机指影响品牌传递象征性利益能力的社会或者伦理道德事件，如性骚扰、种族歧视、环境污染等（Pullig，Getemeyer，Biswas，2006），如乳制品"诽谤门"、婴幼儿奶粉"贿赂门"等。类型编码为：

1 = 性能型；2 = 道德型

（2）品牌群危机严重性。

V2——品牌群危机严重性：危机事件严重性是一个总括的概念，指事件造成伤害的严重性、持久性以及事件性质的恶劣性，其中造成的伤害有两个方面：生理健康（如损害健康、危害生命）和心理感受（如侵犯自尊、损毁消费信任、伤害民族感情等）。在有关危机严重性报道的材料中，只要出现与任何一方伤害有关的表述就可判定为"严重"，反之则为"轻微"。品牌危机严重性的编码为：

1 = 严重；2 = 轻微

（3）品牌危机范围。

V3——品牌危机范围用"群发/单发"衡量。在某一品类中只有一家企业或一个品牌发生危机事件称之为单发性，而某一品类中有两个或两个以上的企业、品牌同时发生类似的产品危机事件称之为群发性，分别记为：

1 = 单发性；2 = 群发性

（4）危机方企业性质。

V4——品牌危机所在企业的性质。企业性质的划分从国有、民营与外资三个类型考量，据此编码为：

1 = 国有企业；2 = 民营企业；3 = 外资企业

（5）危机所在食品价值链环节。

V5——针对危机所在食品价值链环节，根据食品价值链从上游的原材料阶段到生产供应阶段再到销售环节，共分为主要三个阶段：原材料生产供应阶段、生产加工阶段、储运销售阶段，分别编码为：

1 = 供应阶段；2 = 生产加工阶段；3 = 储运销售阶段

3.3.2　信度检验

内容分析法的关键是编码人员分类研究对象的一致性水平，需检验编码一致性、分类准确性和方法稳定性。本研究由成都某高校商学院的三位博士生对 57 个案例样本进行编码，为了得到尽可能客观的编码结果，遵循如下编码规则：尽量采用样本本身的描述；采用二值数据"1"和"0"，从而在一定程度上避免研究者解读相同信息时出现歧义，并且使研究过程具有可重复性；如果 2 个评判员观点一致，则标记为"1"，如果不一致，则标记为"0"，如果一致性比率在 80% 及以上，则接受主评判员的评判结果。本研究的信度评判方法采用夏清华、宋慧（2012）所用方法，编码结果符合要求。

3.4　数据分析

3.4.1　外显性的冲突表征

外显性的食品品牌群际冲突，从冲突涉及的利益主体、危机事件的频次、危机类型、严重性程度、品牌方企业属性几方面展开。

1. 冲突主体涉及多方

食品价值链主要环节都曾发生过危机，在三个主要环节，供应、生产加工、销售分别发生危机事件 18 起、39 起、39 起，即在生产加工与销售环节群危机事件占绝大多数，总占比为 81%。供应环节危机多数由食品原材料的质量问题引发。生产加工环节出现的危机多因企业为降低成本或者人为提高食品营养成分而偷工减料、非法使用添加剂导致，如瘦肉精事件、火锅店以猪血冒充鸭血制假造假问题等。销售环节危机多以虚假宣传（保健品虚假广告）、商业贿赂（婴幼儿奶粉涉嫌商业贿赂）、促销混乱（如洋快餐某品牌"秒杀门")、虚假价格（如某外资连锁超市和洋快餐连锁门店的虚假广告宣传）等形式出现。

食品质量管理涉及全供应链，上游出现质量问题，下游经营单位无法修正，到终端时食品质量风险必然落到消费者身上。因此，在食品行业，群际冲突涉及的主体包括了食品全供应链，同时还牵涉品牌方、经营者、消费者、品牌宣传者、工商管理机构等多个主体。

2. 相似冲突重复显现

经营品类相似性群发性事件有41起，如塑化剂风波，药鸡门、速食鸡、毒鸡门事件，而全球零售巨头也均发生价格欺诈或者销售过期食品事件。从危机严重性看，严重性危机为59起，超过总数的一半，轻微型危机为37起。食品安全问题对消费者的经济、健康等方面的损害不容小觑。

另外，知名品牌多次爆发品牌危机。十年间大品牌多次发生危机事件，如国内某乳制品知名品牌与某洋快餐知名品牌各曝光4次，瓶装水知名品牌也发生过3次，另一洋快餐知名品牌发生7起，某碳酸饮料知名品牌共发生3起，两家全球连锁零售商品牌各发生3起、5起。

3. 冲突多来自质量控制和道德风险

目前我国食品产业快速发展，安全标准体系逐步健全，检验检测能力不断提高，全过程监管体系基本建立，重大食品安全风险得到控制，人民群众饮食安全得到保障，食品安全形势不断好转。但是，我国食品安全工作仍面临不少困难和挑战，形势依然复杂严峻。微生物和重金属污染、农药兽药残留超标、添加剂使用不规范、制假售假等问题时有发生，环境污染对食品安全的影响逐渐显现；违法成本低，维权成本高，法制不够健全，一些生产经营者唯利是图、主体责任意识不强；新业态、新资源潜在风险增多，国际贸易带来的食品安全问题加深；食品安全标准与最严谨标准要求尚有一定差距，风险监测评估预警等基础工作薄弱，基层监管力量和技术手段跟不上；一些地方对食品安全重视不够，责任落实不到位，安全与发展的矛盾仍然突出。

道德风险引致的冲突时有发生。本研究对96起危机案例分别按道德型和性能型两种类型进行归类时，性能型的最多，有48起，占总案例数量的84.2%，道德型为9起，总占比的15.8%。本研究对性能型危机的划分是基于食品饮食安全健康的功能性方面，但深究下来，功能性问题也多与道德因素有关，正如《中国食品安全发展报告（2018）》显示的，人源性因素是食品安全事件发生的最主要因素。在2018年发生的食品安全事件中，造假或欺诈、质量指标不符合标准、超范围和超限量使用食品添加剂、生产加工工艺问题、

添加使用非食用物质等人为特征因素造成的食品安全事件占发生事件总数的
51.21%。在人为特征因素引发的食品安全事件中，质量指标不符合标准的事
件数量最多，占到事件总数的 21.96%，其他依次为造假或欺诈（14.26%）、
超范围或超限量使用食品添加剂（7.12%）、添加使用非食用物质（4.35%）、
生产加工工艺问题（3.53%）等。在自然特征因素引发的食品安全事件中，
微生物污染导致的食品安全事件最多，占到事件总数的 23.83%，其余依次为
生物毒素污染（10.11%）、重金属等元素污染（5.29%）、农药兽药残留不符
合标准（3.79%）、源头污染引发的食品污染（3.22%）等。与 2008～2017
年间引发食品安全事件的因素相比较，人为特征因素造成的食品安全事件占
比有了较大幅度下降，但人源性风险占主体这一基本特征难以在短时期内发
生根本性改变。

3.4.2 内隐性的群际心理冲突

从多年间纵向分析来看，危机频次呈现上升趋势，这导致消费者对食品
行业严重不信任。从 96 起危机发生的时间分布看，危机呈逐年上升趋势。
2009、2010 年典型食品行业品牌危机较少，分别为 4 起和 5 起，这两年危
机数量占总案例数的 9.3%（即为 9/96 × %）。受媒体和组织"透明化"的
影响，2011 年危机集中爆发，到 2012 年，每年分别有 12 起，两年危机数
量总占比为 24.6%。2013 年略有下降，为 8 起，2014 年达到 16 起，仅
2014 年的危机数量就占总案例的 16.8%，2015 年有 20 起，2016 年有 19
起，两年总数量占比为 39.6%，危机数量的年份分布见图 3-1。

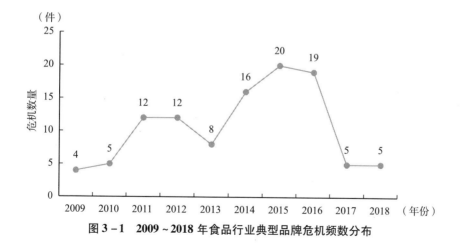

图 3-1 2009～2018 年食品行业典型品牌危机频数分布

频发的危机事件一遍遍考验着消费者的忍耐力和承受力，也逐渐销蚀了消费者对食品行业的信任。消费者面对频频出现的食品安全事件，相较于拥有知名品牌的企业、较高的维权成本，更多显得无力并容易出现消极情绪。

3.5　小结

本章采用内容分析法对 2009～2018 年十年间食品行业典型品牌群危机案例进行了分析，研究了品牌群际冲突显性与隐性特征，从冲突爆发频次、所在价值链环节存在的问题、类似的冲突重复出现的次数等显性表征进行分析，指出隐形特征包括消费者对品牌方的信任下降、消费群体和品牌方之间比较心理突出两方面。下一章将进一步研究群际冲突的产生机理。

第 4 章

食品业群际关系冲突发生机理

本章借鉴社会心理学的群际关系理论，选取相对剥夺感、群际信任（狭义信任和广义信任）、消费抵制、报复意愿与负面口碑变量，探究线上与线下食品品牌群际冲突的理论模型，而后分别实施两次正式的问卷调查，并运用结构方程模型（SEM）和 SPSS 22.0 和 AMOS 24.0 统计工具，逐一进行验证。

4.1 相关概念

4.1.1 品牌群危机与群际关系冲突

品牌群危机概念，从群际关系视角是指多个品牌"同时"发生危机的现象，是一组品牌与消费群之间的关系冲突状态（Cleeren et al. 2013；Gao et al.，2013），也指在若干消费者的认知图式中所共同建构的他们与某一特定品牌群体之间"多对多"的关系冲突状态（杨国亮等，2015）。根据被卷入品牌数量的多寡，品牌群危机是指行业内两家或两家以上企业卷入危机（汪兴东等，2012），使消费者接触到关于危机企业和缺陷产品的负面信息增多，认为缺陷产品具有行业普遍性，因而感知风险增加的状态（景奉杰等，2012）。可见，品牌群危机是品牌产品的供给方与消费群体之间的关系冲突状态。

群际关系冲突有时称为群际（体）冲突，是指人们把自己看作不同社会群体的成员而非单独个体而发生的外显或内隐的对抗行为，是人们把自己看成是群体成员的重要决定因素，是外群体成员与内群体成员各自感受到群际威胁或实际受到伤害后的负面情绪（阎俊，佘秋玲，2010；Gelbrich K. Anger，2010）与消极行为（李恩洁，凤四海，2010；郭国庆等，2010）的反映与表现。当出现品牌群危机时，消费群体感到没有得到品牌产品供给方应有的尊重与公平对待，会感到不满与挫折感，相对剥夺感上升（李汉林等，2012）。而群际不信任是群际关系冲突的实质（杨国亮，卫海英，2016）。群际关系冲突会影响群际行为，群际行为是指人们作为不同社会群体的成员而相互作用的行为（付宗国，2002）。

本书考察的品牌群危机引起的关系冲突是指提供某一类别食品的行业，两个或两个以上的品牌产品曝光有缺陷或是对消费者造成危害的事件，进而引发品牌消费群体与品牌方关系冲突，具体表现为消费群体内消极的心理反应（如认为群内利益被剥夺、感知风险增加）和群际行为举措（如群际信任降低、转换品牌消费、联合抵制与负面口碑）。杨国亮、卫海英（2016）解释品牌群危机引发社会冲突的机理为：在产品伤害、服务失败事件启动下，社会比较倾向正向影响消费群体的相对剥夺感，由此激化消极群体情绪，降低群际信任，引发群际关系冲突。但他们没有进一步分析在食品业群际关系冲突状态下，消费群—食品企业群、消费群—食品监管方、消费群—品牌群关系以及冲突的具体表现，本书将前两者之间关系界定为"群际信任"，将最后一个关系界定为食品供给方与需求方之间的"群际关系冲突行为"，具体从消费抵制、报复欲望和负面口碑三方面加以衡量。负面口碑是指传播者将购买特定产品的不愉快经历传播给其他个体或群体（Luo，2009），向亲朋好友或其他人不推荐使用某产品或服务的意愿与行为，以及传播产品或服务负面信息的可能性。

4.1.2 相对剥夺感

相对剥夺感（relative deprivation，RD）指与参照群体相比，个体对自身不利地位的主观感知（Walke，Smith，2002；张书维等，2010）。感知到自身处于不利地位后产生的负性情绪既包含了社会比较的前提，又有情绪体验的结果（熊猛，叶一舵，2016）。这种感知并不是来源于绝对条件劣势，而是来源于与参照群体对比的结果，参照群体可以是个体，也可以是群体。相对剥夺感的核心心理过程是社会比较（Zhang，Wang and Chen，2011；Appelgryn and Bornman，1996；Stiles，Liu and Kaplan，2000），既包括个体或所属群体与参照群体进行的横向比较，也包括价值期待与价值能力之间或当前状况与过去、未来状况之间的纵向比较；结果是由社会比较导致的不公平感、愤怒和不满等情感成分（Smith，Pettigrew，Pippin and Bialosiewicz，2012）。

剥夺感是群体性事件和集群行为产生的核心动力机制之一（张书维，王二平，周洁，2012）。在品牌群危机情境下，消费群体将之前购买消费时的价值期待与当前危机带来风险或实实在在的损失进行比较，感到没有得到产品（服务）供给方应有的利益尊重与公平对待，会感到不满与挫折感，相对剥夺感上升（李汉林等，2012）。

杨国亮、卫海英（2016）研究发现，启动食品品牌群危机线索时，消费群体相对剥夺感上升，由此激化消极情绪，降低群际信任，引发群际关系冲突。但二位学者对相对剥夺感的测量没有加入情绪成分，而是将群体愤怒作为新的变量，与群体剥夺感的概念相分离。本研究将从感知不利和负面情绪两方面衡量群体相对剥夺感，在负面事件的刺激下，对消费者（群）负面情感反应用愤怒、失望、麻木和怀疑来测定（Brian K. Jorgensen，1996；阎俊、佘秋玲，2010）。

4.1.3 群际信任

群际信任（intergroup trust）是一种复杂的社会心理现象，目前依然没有形成统一的定义，而学者们大都是从自身研究需要对群际信任概念进行理论上的界定（辛素飞等，2013）。如群际信任是内群体对外群体行为的自信预期（Lewicki et al.，1998）、内群体成员在与外群体成员真实互动时或想象互动时所感受到的一种潜在风险（Ferrin，Bligh and Kohles，2007；Tam et al.，2009），在群际交往中对另一群体成员的一种预期及信念，是内群体（本群体）成员对外群体（他群体）成员的信任（Vezzali，Capozza，Stathi and Giovannini，2012）。辛素飞等（2013）结合已有研究后对群际信任给出操作化的定义：指人们在群际互动中对其他群体成员的行为或意向做积极预期而且愿意承受相应的风险，这种信任主要是由群体成员所属的社会身份决定的，表现为内群体成员对外群体成员的信任。群际信任是衡量群际关系的一个重要尺度。

而我国食品行业冲突引起的群际信任既有消费群体对问题品牌群的信任，也包括了多发性食品安全问题引起的行业信任以及对监管制度的信任。广义信任包括对行业的信任以及对制度的信任（Hansen，2012；王晓玉等，2014）。行业信任是指消费者对特定商业类型中的企业的可信性和兑现承诺的期望（Sood，2012）；制度信任指消费者对一个特定活动的监管系统的正式规章制度的信任程度，包括对法律制度和政府机构的信任（O'Guinn T C，Faber，1989；Sood，2012；崔保军，2016）。

对食品行业群际信任的研究，要么只关注对品牌方的信任，即狭义的信任（杨国亮，卫海英，2016），要么只关注广义信任中的行业信任（崔保军，2016），抑或仅关注广义信任中的行业信任与制度信任，但缺少对狭义信任的考察（王晓玉等，2014）。本书对我国食品行业群际信任的研究同时包含了狭义与广义的信任成分，狭义信任即对品牌群的信任，广义信任包含了行业信任和制度信任。

4.1.4 消费抵制、报复欲望、负面口碑

消费抵制是指消费者在市场中避免购买一个特定的产品或者品牌从而试图达到某一特定目标或实现某一特定诉求（Friedman，1985；王娟，陆可斌，2013）。抵制是因为消费者意识到某一公司过分的行为从而参与抵制，参与消费者抵制是一种集群行为（John，Klein，2003）。报复是指当感知到对方犯错的时候，被冒犯方会产生报复欲望，即想要与对方扯平、更正其错误或为自己所受的伤害进行报仇的愿望或意向。在营销情境下，报复欲望是消费者在经历了无法接受的消费体验后所产生的针对目标企业的报复性情感，如私下、公开的恶性抱怨，蓄意损害企业财物，以及伤害企业的一线工作人员等（Grégoire et al.，2008）。负面口碑是指传播者将购买特定产品的不愉快经历传播给其他个体或群体（Luo，2009），不推荐亲朋好友或其他人使用某产品或服务的意愿与行为，以及传播产品或服务负面信息的可能性。在负面信息更多的情境下，消费群体之间为规避风险，会相互提醒或抱怨，或发表负面信息发泄不满。根据风险规避理论，产品伤害危机发生后，消费者往往会有很强的动机去传播产品质量有缺陷或者产品有伤害的负面信息。

4.2 理论假设与研究模型

4.2.1 理论基础

1. 相对剥夺感理论

相对剥夺论（relative deprivation theory，RDT）认为，要理解个体主观感受，就必须理解个体比较所选的"参照群体"，因为人们在塑造自己行为、形成各种态度时，所参照的常常不是自己的群体，而是别的群体（默顿，2006）。经典的相对剥夺理论认为，个体主要通过与他人比较来评价其地位和处境，弱势群体成员经常体验到基本权利被剥夺的感觉，这种被剥夺感不仅使他们丧失掉现实生活中的很多机会，还会对其心理发展带来损害（Mummendey，Kessler，Klink and Mielke，1999）。

相对剥夺理论被广泛应用于解释个体身心失调而导致集群行为和群体暴乱的原因（Walker and Smith，2002）。

2. 风险规避理论

风险具有不确定性和损失性，因此人们在觉察到风险之后，大部分人将试图采取措施规避风险，以避免受到损失。亨利·阿塞尔（Henry Assel）

将人们减少风险的策略总结为两个方面：一是通过获取额外信息、进行更广泛的信息处理、保持品牌忠诚和购买最流行的品牌增加购买结果的确定性；二是通过购买最低价产品、购买最小的量、获取担保或保证、降低预期水平来减少产品失败的结果。在品牌危机条件下，消费者会通过信息搜寻完备认知，理性评价品牌产品的风险程度，或者通过减少消费或不消费、品牌转换、负面口碑等行为减少危害。

4.2.2　研究假设

1. 品牌群危机与群体相对剥夺感

当出现品牌群危机时，消费群体感到没有得到品牌产品供给方应有的利益尊重与公平对待，会有不满情绪与挫折感，相对剥夺感上升（李汉林等，2012）。

当内群体受到侵犯时，内群体认同水平越高，愤怒情绪水平越高，替代性报复强度越大（Newheiser and Dovidio，2015），当内群体受到侵犯时，外群实体性水平越高，愤怒情绪的水平越高，替代性报复强度也会增强（杭婧婧，2016）。食品是典型的信任品和经验品，消费者主要通过产品的表象特征和个人经验进行判断和选择（Roe，Sheldon，2007），因此对食品风险的判断多来自感知。而群体性品牌危机加大了风险的感知（Standop，2006；Siomkos and Kurzbard，1994；Gilber，1996），强化了压力、无助、恐慌心理及从众心理，进一步激化突发事件（王治莹等，2018）。群体剥夺感为集群行为有力的预测变量，相对剥夺感通过群体弱势与不公的感知（而非个体水平）对集群行为产生影响（Smith & Ortiz，2002）。因此有假设：

假设 4 - 1：食品业品牌群危机会引起消费群体较高程度的相对剥夺感。

2. 相对剥夺感与群际冲突（消费抵制、报复欲望与负面口碑）

现实中的食品业品牌群危机，多数表现为消费抵制、报复想法和负面口碑传播，这都是群体抗议行为，群体抗议行为受到相对剥夺感的显著影响（Grant，2008）。

在负面信息更多的情境下，消费群体之间为规避风险，会相互提醒或抱怨，或发表负面信息发泄不满。群体相对剥夺感是集群行为有力的预测变量，相对剥夺感通过群体弱势与不公的感知（而非个体水平）对集群行为产生影响（Smith and Ortiz，2002），群体抗议行为也受到相对剥夺感的显著影响（Grant，2008）。基于这些观点，提出假设：

假设 4 - 2：群体相对剥夺感分别与群际冲突具体表现的消费抵制（假设 4 - 2a）、报复欲望（假设 4 - 2b）、负面口碑（假设 4 - 2c）之间呈正相关关系。

3. 群体相对剥夺感与群际信任

食品品牌危机会对品牌组合中的其他品牌、同行业竞争品牌乃至全行业产生溢出效应（Lei et al.，2008），形成群危机，这会使消费者改变对行业的感知，降低对行业的积极态度，感知行业风险增加（Dahlen 和 Lange，2006）。相对于单品牌危机，多品牌危机更容易使消费者产生恐慌的情绪。多品牌危机中，消费者的风险认知越高，行业信任越低（冯蛟等，2016）；当首先负面曝光的问题产品在行业中有代表性，或者危机事件属性是品类或行业共有属性时，品牌危机事件会溢出到行业中并影响消费者对行业的信念（Roehm and Tybout，2006），群发性危机会降低广义信任水平（崔保军，2016）。高宏志等（Hongzhi et al.，2012；2013）的研究表明，食品安全危机会溢出至行业和竞争品，对行业态度和信念产生负面影响，如2008年的乳制品行业的"三聚氰胺事件"，三鹿品牌首先曝光，之后迅速蔓延到一些国内知名乳制品品牌；2012年白酒行业的"塑化剂风波"，由酒鬼酒品牌波及多个国产白酒品牌。群发性危机带来的行业负面溢出效应比单发性更强（汪兴东，景奉杰，2012）。于是有假设：

假设4-3：食品业品牌群危机情景下，相对剥夺感与狭义信任负相关（假设4-3a），与广义信任负相关（假设4-3b）；

假设4-4：狭义信任与消费抵制负相关（假设4-4a），与报复欲望负相关（假设4-4b），与负面口碑负相关（假设4-4c）；

假设4-5：广义信任与消费抵制负相关（假设4-5a），与报复欲望负相关（假设4-5b），与负面口碑负相关（假设4-5c）。

4. 群际信任的中介作用

杨国亮、卫海英（2016）研究发现，启动食品品牌群危机线索时，消费群体相对剥夺感上升，由此激化消极情绪，降低群际信任，进而引发群际关系冲突。群体相对剥夺与集群行为的关系受到负性群体情绪中介的影响，如群体愤怒（Smith，Cronin and Kessler，2008；张书维等，2012）、群体不满（Mummendey et al.，1999）、群体效能（张书维等，2012）。据此提出以下假设：

假设4-6：群际信任在相对剥夺感与群际冲突之间起中介作用：狭义信任分别中介了相对剥夺感与消费抵制（假设4-6a）、报复欲望（假设4-6b）、负面口碑（假设4-6c）间的关系；广义信任分别中介了相对剥夺感与消费抵制（假设4-6d）、报复欲望（假设4-6e）、负面口碑（假设4-6f）间的关系。

根据以上假设建立理论模型（见图 4 - 1）推论，食品业品牌群危机事件首先引发消费群体内部负面的心理反应，具体为较高水平的相对剥夺感，进而产生负面的群际心理反应，用群际信任来衡量，分别体现在狭义信任和广义信任的降低，最终导致消费群体与品牌群、与食品业品类的关系紧张，表现为消费抵制、报复欲望及负面口碑。

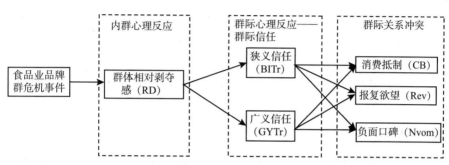

图 4 - 1　食品业群际冲突形成机理理论模型

4.3　研究设计

本书分别选取网络外卖平台的食品品类和线下白酒品类，通过研究一和研究二先后探究线上线下食品品牌群危机引发的群际心理反应与消费行为反应。研究一采用两次准实验（实验一、实验二）以探测食品业品牌群危机是否首先诱发内群（消费群）的负面心理反应（用相对剥夺感衡量）。实验一设置实验组（启动品牌群危机信息线索）和控制组（启动品牌群质量检测结果合格的描述），实验二基于内群负面心理反应，检验基于群际信任的食品业品牌群际冲突的中介路径，此时无须设置控制组。研究二基于品牌群危机事件引发的行业震动和经销商与消费者退货潮、社交媒体负面评论等真实群际冲突，无需再验证品牌群危机引发的群际心理反应，只重点分析中介作用。

4.4　变量选择

各变量的测量题项均来自成熟量表，在不改变原意的情况下结合食品类品牌群危机研究情境做适度语义修正。群体相对剥夺感参考用侯赛因·卡卡等（Huseyin Cakal et al.，2011），丽莎·帕格托等（Lisa Pagotto et al.，2013），杨国亮、卫海英（2016）使用过的量表，并根据定义加入情感成分（愤怒、失望、麻木和怀疑）的测量，结合本书的研究内容，选择了其中的四个题项。群际信任中的狭义信任测量借鉴了丽莎·帕格托等（2013）、阿尔贝托·沃奇（Voci A.，2006）以及杨国亮、卫海英（2016）使用过的量表，采用三个题项。广义信任中的制度信任与行业信任的测量借鉴了格雷森等（2008）、汉森（Hansen，2012）、王晓玉等（2014）以及崔保军（2016）的题项测度，各自有五个题项。群际冲突的考量，结合品牌群危机事件的实际情况，并参考阎俊，佘秋玲（2010）、范春梅等（2012）、刘凤军等（2015）、格雷戈尔等（Grégoire et al.，2008）、庞隽等（2014）、亚历山德罗夫等（Alexandrov et al.，2013）以及王晓明等（2017）的研究，从消费抵制、报复欲望和负面口碑三方面衡量，各采用四个题项。所有题项用七级李克特量表。

4.5 研究一：探测线上食品品牌群际关系冲突形成机理

4.5.1 预调研

选择的品类是外卖平台，因而将与之消费匹配的在校大学生作为被试。用网络问卷先进行小样本预调研，对量表进行信度与效度分析。

收集数据后用软件 SPSS 22.0 和 AMOS 24.0 操作进行假设检验。鉴于每一个变量的测项都来自前人研究所用的量表，而且在设计正式问卷前与被试进行了访谈，调整了测项语言表达和语义理解上的差异，因而内容效度较好。为了提高问卷的信度和效度，可靠性分析后根据 CITC 值（修正的项目总相关）均大于 0.6 的要求而删除不符合要求的题项，接着使用 AMOS 24.0 进行验证性因子分析，以检验其结构效度。首先运用旋转法之最大变异法的旋转因子矩阵发现，制度信任与行业信任被归为同一构面，而这恰恰是本研究的广义信任概念。之后各个变量的 Cronbach's α 值最低是 0.788，属于可接受范围，其余的均超过 0.8，说明删除题项后的各个变量信度良好。修订后用于正式调研的测量量表见表 4 - 1 的前四列。

表 4 - 1 　　　　　　　　　各变量测量量表（N = 229）

变量名称	编号	测量题项	因子载荷	Cronbach's α 值
相对剥夺感（RD）	RD1	相对于这些品牌企业而言，我感到我们消费群体并没有处在应当得到的地位上	0.823	0.905
	RD2	我很怀疑这些外卖平台有没有把我们消费者当人看	0.800	
	RD3	作为一位消费群体成员，我对这些品牌企业的做法感到愤怒	0.781	
	RD4	作为一个消费群体成员，这些品牌企业的行为令我感到不快	0.718	

续表

变量名称		编号	测量题项	因子载荷	Cronbach's α 值
群际信任	狭义信任：（XYTr）	XYTr1	您在多大程度上感觉这些品牌企业是可信的	0.885	0.788
		XYTr2	您在多大程度上对这些品牌企业抱有积极预期	0.869	
		XYTr3	您在多大程度上对这些品牌企业感到怀疑	0.767	
	广义信任（ZDTr）	GYTr1	当外卖食品发生问题时，经营者能够给予消费者支持和帮助	0.726	0.905
		GYTr2	相关管理部门管理外卖行业时，会关注消费者的利益	0.851	
		GYTr3	当外卖产品发生问题时，相关管理部门能够给予消费者支持和帮助	0.868	
		GYTr4	外卖平台的相关管理部门中的大多数官员能真诚地对待他们的使命	0.912	
		GYTr5	外卖平台的相关管理部门是负责的	0.899	
消费抵制（CB）		CB1	我将暂时停止考虑购买这些品牌的产品或服务	0.826	0.811
		CB2	我以后再也不会购买这些外卖平台的产品或服务	0.811	
		CB3	我会加入抵制这些问题品牌的行列	0.794	
		CB4	在点外卖时，我将暂时考虑其他的品牌	0.766	
报复欲望（REV）		Rev1	我想要采取行动让这些品牌陷入困境	0.897	0.897
		Rev2	我要以某种方式惩罚这些品牌	0.926	
		Rev3	我要给这些品牌制造麻烦	0.894	
		Rev4	我要让这些品牌受到应得的惩罚	0.790	
负面口碑（NWOM）		Nwom1	我会吐槽这些外卖品牌	0.829	0.864
		Nwom2	我不会向他人推荐这些品牌	0.792	
		Nwom3	警告朋友和亲属不要去消费这些品牌的外卖	0.880	
		Nwom4	向朋友和亲属抱怨这些外卖品平饭菜质量有问题	0.870	

　　资料来源：量表根据侯赛因·卡卡等（2011），丽莎·帕格托等（2013），杨国亮、卫海英（2016）等相关文献制成，数据来自本研究问卷统计结果。

4.5.2　实验一：探测品牌群危机是否会引致消费群内负面的心理反应

　　消费群体内的负面心理反应，用相对剥夺感衡量。试验一启动食品业品牌群危机事件，探测其是否会引发相对剥夺感的上升，采用实验组和控制组对比的方法来实现。问卷设计内容为：实验组呈现外卖平台的品牌群危机事件信息（刺激材料一），而后对相对剥夺感的四个题项进行打分，而控制组呈现刺激材料二，之后对相对剥夺感的四个题项进行打分，接下来是人口统计信息。以某高校工商管理类专业学生为被试，共回收有效数据110份，其中控制组60份，实验组50份，运用方差分析检验假设4-1。$M_{实验组}$ = 6.26，$M_{控制组}$ = 3.01，P < 0.001，假设4-1成立，即食品业品牌群危机的确能显著启动消费群体的相对剥夺感。

4.5.3 实验二：探究食品品牌群际冲突的产生机理

1. 正式问卷发放与回收

经过前期的预调研阶段的数据分析，调整了部分构面的测量题项，用于正式研究阶段问卷的设计与发放。问卷内容依次为：品牌群危机事件描述（用刺激材料一实现）、相对剥夺感、狭义信任、制度信任、行业信任测量题项，以及三个因变量的测量题项。共收到数据样本241份，有效数据229份，有效率为95.02%。性别比率相差为9%（男性46.7%，女性53.3%）。

2. 信度检验与效度区分

采用 SPSS 22.0 和 AMOS 24.0 对所有变量进行信度检验、效度区分，分四步来完成。

第一步，运用 SPSS 22.0 计算出正式样本的信度，变量或维度的 Cronbach's α 值在0.80以上，因子载荷值均大于0.7，说明研究量表的信度符合要求。

第二步，使用 SPSS 22.0 对各变量的量表做 KMO 检验和 Bartlett 球形检验，见表4-2。

表4-2 各变量的 KMO 值和 Bartlett 球形检验

变量名称	KMO 值	Bartlett 球形检验		
		近似卡方	自由度	显著性（p 值）
相对剥夺感（RD）	0.785	642.431	6	0.000
狭义信任（XYTr）	0.760	226.638	3	0.000
广义信任（GYTr）	0.914	1690.230	36	0.000
消费抵制（CB）	0.789	293.233	6	0.000
报复欲望（Rev）	0.875	889.346	10	0.000
负面口碑（Nvom）	0.852	841.581	10	0.000

资料来源：SPSS 统计输出。

从表4-2可以看到，每个变量的 KMO 值都在0.7以上，且 Bartlett 球形检验显著，这说明其适合进行验证性因子分析。

第三步，逐一对各个变量的主要拟合度指标进行比较。AMOS 提供的拟合度指标有 25 个，杰克逊和格拉斯皮（Jackson，Gillaspy，2009）对过去 100 多篇 SEM 文献报告的所有拟合度指标的次数统计发现，经常报告的拟合度指标有九个：卡方值（χ^2）、自由度（df）、χ^2/df、RMSEA、SRMR、GFI、AGFI、TLI、CFI，本书同时参考樊帅等（2019）的拟合度报告结果，对每个构念进行验证性因子分析（CFA）后将拟合度整理成表 4 - 3。其中"相对剥夺感"构面的 RMSEA = 0.091 > 0.08，小于 0.1，根据肯尼（Kenny，2010）的观点，RMSEA 只要小于 0.1，都是可接受的；另一相异指标 SRMR 均小于 0.05，其余拟合度指标值均大于 0.9。因此，本研究测量模型的拟合度符合要求。

表 4 - 3　　　　　　变量的验证性因子分析（CFA）拟合度指标

因子	χ^2	χ^2/df	GFI	AGFI	CFI	TLI	IFI	RMSEA	SRMR
相对剥夺感（RD）	5.770	2.885	0.987	0.936	0.991	0.973	0.991	0.091	0.024
狭义信任（XYTr）	—	—	—	—	—	—	—	—	—
广义信任（GYTr）	11.334	2.267	0.981	0.944	0.993	0.985	0.993	0.075	0.018
消费抵制（CB）	5.165	2.582	0.988	0.942	0.989	0.967	0.989	0.083	0.024
报复欲望（Rev）	2.922	1.461	0.994	0.969	0.998	0.995	0.998	0.045	0.012
负面口碑（Nvom）	3.145	1.573	0.993	0.964	0.997	0.992	0.997	0.050	0.015

资料来源：SPSS 统计输出。

第四步，分析各个变量的收敛效度与区分效度。用 AMOS 24 进行分析的收敛效果结果如表 4 - 4 所示，每个题目的 Std. 均大于 0.6，各个多元相关的平方（SMC）值大于 0.19，组合信度（CR）值大于 0.7，平均方差萃取量（AVE）大于 0.5，均满足要求，可见每个构面（变量）收敛效度符合要求。

表 4 - 4　　　　　　　　　　收敛效度

构念	题项	参数显著性检验				Std.	题目信度	组合信度	收敛效度
		Unstd.	S. E.	z-value	P		SMC	CR	AVE
相对剥夺感	RD1	1				0.786	0.618	0.852	0.597
	RD2	1.209	0.087	13.855	***	0.899	0.808		
	RD3	1.133	0.087	13.067	***	0.822	0.676		
	RD4	0.952	0.119	7.995	***	0.535	0.286		

续表

构念	题项	参数显著性检验				Std.	题目信度 SMC	组合信度 CR	收敛效度 AVE
		Unstd.	S. E.	z-value	P				
狭义信任	XYTr1	1.000				0.867	0.752	0.802	0.581
	XYTr2	0.832	0.088	9.478	***	0.803	0.645		
	XYTr3	0.703	0.086	8.157	***	0.589	0.347		
广义信任	GYTr1	1.000				0.625	0.391	0.916	0.690
	GYTr2	1.433	0.144	9.960	***	0.794	0.630		
	GYTr3	1.687	0.160	10.572	***	0.863	0.745		
	GYTr4	1.662	0.151	11.031	***	0.922	0.850		
	GYTr5	1.4500	0.147	10.013	***	0.812	0.64		
消费抵制	CB1	1.000				0.777	0.604	0.812	0.521
	CB2	0.997	0.099	10.034	***	0.751	0.564		
	CB3	0.904	0.095	9.480	***	0.697	0.486		
	CB4	0.876	0.098	8.970	***	0.655	0.429		
报复欲望	Rev1	1.000				0.875	0.766	0.903	0.703
	Rev2	1.148	0.059	19.438	***	0.928	0.861		
	Rev3	0.919	0.055	16.856	***	0.846	0.716		
	Rev4	0.868	0.072	11.983	***	0.685	0.469		
负面口碑	Nwom1	1.000				0.759	0.576	0.866	0.620
	Nwom2	0.804	0.078	10.322	***	0.701	0.491		
	Nwom3	1.050	0.084	12.468	***	0.849	0.721		
	Nwom4	1.089	0.089	12.271	***	0.831	0.691		

注：*** 表示 P < 0.001。

资料来源：AMOS 统计输出。

分析区别效度时，将各个变量彼此拉相关（见图 4-2），并整理出区别效度表 4-5。

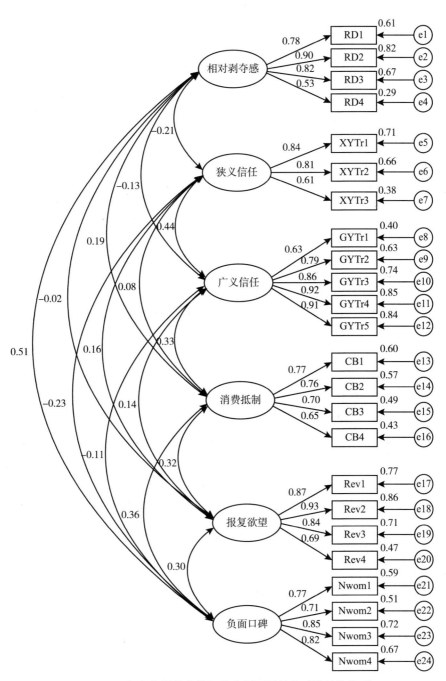

图 4 - 2　各个变量彼此拉相关分析区别效度时的结构模型

资料来源：AMOS 统计输出。

表 4－5　　　　　　　　　　　　　区别效度

构　念	收敛效度	区分效度						
	AVE	负面口碑	报复欲望	消费抵制	广义信任	狭义信任	相对剥夺感
负面口碑	0.620	0.787					
报复欲望	0.703	0.304	0.838				
消费抵制	0.521	0.359	0.322	0.722			
广义信任	0.690	－0.114	0.137	0.334	0.831		
狭义信任	0.581	－0.233	0.155	0.083	0.437	0.762	
相对剥夺感	0.597	0.512	－0.016	0.192	－0.132	－0.214	0.773

注：对角线粗体字为 AVE 之开根号值，下三角为变量的皮尔逊相关。

资料来源：AMOS 统计输出。

根据每一个 AVE 开根号的值均大于所有的相关标准来判断区别效度，如负面口碑的 AVE 开根号值 0.787 大于 0.304、0.359、－0.114、－0.233、0.512 等相关变量间的相关系数，所以本书各个变量有很好的区分效度。至此，测量模型信度、效度分析结束，且结果均符合要求。

3. 假设检验

（1）预测变量与结果变量间关系的假设检验。对各个变量间的关系依据假设进行结构模型分析（见图 4－3）。

该模型的拟合度指标中，CMIN/DF = 2.412 < 3，RMSEA = 0.0780 < 0.08，除了 AGFI = 0.780，其余指标均大于 0.8，模型拟合程度较好。具体路径指标及显著性见表 4－6。由非标准化值 Unstd. 判断假设是否成立，假设 4－2a、假设 4－2c、假设 4－3a、假设 4－3b、假设 4－5a 成立，而其余的不成立；由标准化值分析作用路径的大小，R^2 值解释预测变量对结果变量的解释能力，由表 4－6 看出，只有广义信任对负面口碑的 R^2 = 0.286 > 0.19，小于 0.33，而其余的都小于 0.19。

（2）中介作用检验。用 AMOS 24.0 的 Bootstrap 分析中介作用，写入如下口令：

XYDZIE = a1 × b1'狭义信任与消费抵制的间接效果

XYBFIE = a1 × b2'狭义信任对报复意愿的间接效果

XYKBIE = a1 × b3'狭义信任对负面口碑的间接效果

GYDZIE = a2 × c1'广义信任对消费抵制的间接效果

GYBFIE = a2 × c2'广义信任对报复意愿的间接效果

GYKBIE = a2 × c3'广义信任对负面口碑的间接效果

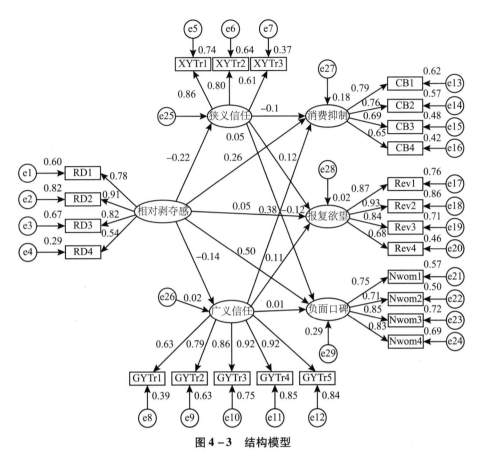

图 4 – 3　结构模型

资料来源：AMOS 统计输出。

表 4 – 6　假设检验

路径			Unstd.	S. E.	C. R.	P	Std.	R²	假设验证情况
狭义信任	<---	相对剥夺感	– 0.362	0.126	– 2.866	0.004	– 0.219	0.048	假设 4 – 3a 成立
广义信任	<---	相对剥夺感	– 0.141	0.072	– 1.959	* 0.04	– 0.143	0.020	假设 4 – 3b 成立
负面口碑	<---	广义信任	0.015	0.098	0.155	0.877	0.010	0.286	假设 4 – 5c 不成立
报复欲望	<---	广义信任	0.205	0.135	1.521	0.128	0.109	0.025	假设 4 – 5b 不成立
消费抵制	<---	广义信任	0.586	0.124	4.727	***	0.378	0.184	假设 4 – 5a 成立
消费抵制	<---	狭义信任	– 0.014	0.070	– 0.194	0.846	– 0.015		假设 4 – 4c 不成立
报复欲望	<---	狭义信任	0.130	0.086	1.506	0.132	0.116		假设 4 – 4b 不成立
负面口碑	<---	狭义信任	– 0.107	0.064	– 1.679	0.093	– 0.119		假设 4 – 4a 不成立
消费抵制	<---	相对剥夺感	0.394	0.118	3.350	***	0.259		假设 4 – 2a 成立

续表

路径		Unstd.	S. E.	C. R.	P	Std.	R²	假设验证情况
报复欲望	<--- 相对剥夺感	0.098	0.139	0.703	0.482	0.053		假设 4 – 2b 不成立
负面口碑	<--- 相对剥夺感	0.741	0.118	6.293	***	0.498		假设 4 – 2c 成立

资料来源：AMOS 统计输出。

TDZIE = XYDZIE + GYDZIE'狭义信任与广义信任对消费抵制的总间接效果

TBFIE = XYBFIE + GYBFIE'狭义信任与广义信任对报复意愿的总间接效果

TKBIE = XYKBIE + GYKBIE'狭义信任与广义信任对负面口碑的总间接效果

DEDZ = d1'对消费抵制的直接效应

DEBF = d2'对报复意愿的直接效应

DEKB = d3'对负面口碑的直接效应

TEDZ = TDZIE + d1'对消费抵制的总效果

TEBF = TBFIE + d2'对报复意愿的总效果

TEKB = TKBIE + d3'对负面口碑的总效果

IEDZdiff = GYDZIE − XYDZIE'对消费抵制的间接效果差异

IEBFdiff = GYBFIE − XYBFIE'对报复意愿的间接效果差异

IEKBdiff = GYKBIE − XYKBIE'对负面口碑的间接效果差异

而后用 Bootstrap 方法运行 1000 次之后，用 bias corrected 方法和 percentile 两种不同的区间估计方法，选择 95% 的置信区间后将结果整理成表 4 – 7。

表 4 – 7 中的 Z 值经由 SE 除以点估计值所得，只要 Z 值大于 1.96，则说明中介存在。表中数据结果反映出只有狭义信任中介了相对剥夺感与负面口碑的关系，中介作用的点估计值为 0.041，两个不同区间估计的值都不包含 0，而且群体剥夺感对其的直接效应是 0.455 且显著。因此，狭义信任在群体剥夺感对负面口碑的作用过程中发挥部分中介作用，即假设 4 – 6c 成立，其余变量间的关系中，狭义信任、广义信任的中介作用不存在，中介作用假设不支持。

表 4 – 7　　　　　　　狭义信任与广义信任的中介作用检验结果

| 检验指标 | 点估计值 | 系数乘积 | | 用 Bootstrap 法运行 1000 次的 95% 置信区间 | | | | 显著性 |
| | | | | 误差修正 | | 百分位数 | | |
		标准误	Z 值	下限	上限	下限	上限	概率值
XYDZIE	0.013	0.027	0.481	− 0.032	0.087	− 0.040	0.075	0.172
XYBFIE	− 0.031	0.033	− 0.939	− 0.134	0.009	− 0.115	0.017	0.106

续表

| 检验指标 | 点估计值 | 系数乘积 | | 用 Bootstrap 法运行 1000 次的 95% 置信区间 | | | | 显著性 |
| | | | | 误差修正 | | 百分位数 | | |
		标准误	Z 值	下限	上限	下限	上限	概率值
XYKBIE	0.041	0.016	2.563	0.004	0.116	0.001	0.096	0.024*
GYDZIE	-0.001	0.033	-0.030	-0.073	0.065	-0.069	0.072	0.103
GYBFIE	0.000	0.012	0.000	-0.030	0.019	-0.028	0.021	0.809
GYKBIE	0.000	0.009	0.000	-0.015	0.023	-0.018	0.020	0.080
TDZIE	0.013	0.043	0.302	-0.060	0.113	-0.064	0.111	0.053
TBFIE	-0.032	0.034	-0.941	-0.125	0.019	-0.114	0.020	0.111
TKBIE	0.041	0.016	2.563	0.000	0.120	0.008	0.096	0.002
DEDZ	0.219	0.096	2.281	0.031	0.411	0.020	0.395	0.548
DEBF	-0.091	0.125	-0.728	-0.353	0.127	-0.351	0.132	0.001
DEKB	0.445	0.097	4.588	0.267	0.660	0.252	0.646	0.016*
TEDZ	0.232	0.104	2.231	0.045	0.452	0.024	0.442	0.895
TEBF	-0.123	0.122	-1.008	-0.382	0.086	-0.375	0.089	0.001
TEKB	0.484	0.098	4.939	0.294	0.690	0.286	0.684	0.095
IEDZdiff	-0.014	0.043	-0.326	-0.116	0.063	-0.110	0.067	0.749
IEBFdiff	0.031	0.036	0.861	-0.022	0.131	-0.029	0.117	0.226
IEKBdiff	-0.039	0.027	-1.444	-0.111	0.000	-0.096	0.007	0.172

注：* 表示显著性 $P < 0.05$。

4.5.4　研究发现

研究一选取食品业中的外卖平台品类，主要以大学生及本科以上学历者为被试，通过两次情景模拟的问卷调研收集数据分析，探究基于社会比较理论下消费内群体的相对剥夺感负面心理，食品业品牌群危机导致的狭义信任与包括制度信任和行业信任在内的广义信任对群际冲突之消费抵制、报复意愿和负面口碑的中介作用。构建各变量间的理论模型，重点对试验二所得的 229 份数据运用 SPSS 22.0 和 AMOS 24.0 统计软件，运用 SEM 方法，展现分析过程，并得到如下结论。

第一，食品业的品牌群危机的确能造成消费群体内较高的相对剥夺感，并能明显直接引致群际冲突，负面口碑意图与行为尤为明显（标准化回归系数值为 0.498），消费抵制强烈（标准化回归系数值为 0.259），但不会有报复欲望。

第二，食品类企业品牌群危机对消费者带来相对剥夺感，引起消费者对品牌群体的集体不信任，最终产生负面口碑行为。由于大多数品牌被卷入危机，在移动互联信息快速传播的时代，消费者扩散信息导致狭义的群际信任水平下降（标准化回归系数为 -0.219）。在此过程中，广义信任的中介作用并不明显。

第三，食品业群际冲突作用路径中，包括制度信任和行业信任维度的广义信任并不是相对剥夺感引发群际关系紧张的中转路径。我国食品安全问题持续受各界关注，国家不断加强对食品安全问题的监管与惩处，并通过各级部门和机构大力宣传食品安全讯息，正在稳健构建全社会参与的食品安全治理机制，因此，消费群体弱化对外卖平台经营者、运营方、管理方信任的关注，反而关注了其他因素。

4.6 研究二：探测线下食品品牌群际关系冲突形成机理

研究一聚焦线上食品消费的品牌群危机事件引起的群际冲突的形成机理，特别将狭义信任（品牌群信任）和广义信任（行业信任与制度信任）作为考量的双中介，但广义信任中介作用不显著。接下来，聚焦线下食品品类的白酒消费行为，将被试由大学生延伸至社会人士，由某高校的 MBA 学员或 MBA 毕业生来完成，通过问卷调查收集数据，然后使用 SPSS 22.0 和 AMOS 24.0 两个统计软件操作假设检验，继续探究白酒品类品牌群危机发生时狭义信任和广义信任的中介效果。

4.6.1 预调研

研究二将品类由点餐外卖变成了线下的白酒，线上食品消费的参考信息较多（点评、评论、朋友圈转发等），而线下白酒参考信息更多来源于消费经验或熟人朋友间的口碑传播，因此，这两类食品消费行为有一定差别。在此情境下，在郑州某高校的在校 MBA 学员中进行了小样本预调研以检验各个变量测量题项。其中，群体相对剥夺感、狭义信任、广义信任、消费抵制、报复欲望和负面口碑的量表的整体 Cronbach's α 值分别为 0.877、0.845、

0.946、0.826、0.933、0.919，均大于0.8，整体信度良好。变量各个题项的 CITC 值均大于0.7，无须删除题项。

鉴于每一个变量的测项都来自成熟的量表，无须再进行探索性因子分析；并且，在设计正式问卷前进行了访谈，调整了测项语言表达和语义理解上的差异，具有较好的内容效度。所以，仅使用 AMOS 24.0 进行验证性因子分析（CFA），以检验其结构效度。使用 SPSS 22.0 对各个变量的量表做 KMO 检验（值均大于0.8）和 Bartlett 球形检验（结果显著），这说明其适合进行下一步的验证性因子分析。在对每个量表做了基本的效度检验之后，通过 SEM 检验每个潜变量测项的有效性，最终各变量的每一个测项的因子载荷都在0.8以上，而且各个路径系数都显著（p 值 <0.001）。这说明量表有较好的结构效度，符合研究标准。

4.6.2　正式问卷发放与回收

除了将实验刺激材料换作酒类品牌群危机事件描述外，调研问卷的其余内容与研究一中实验二所设计的相同，根据研究品类对个别文字进行了调整。在问卷网生成链接后发放到某高校的 MBA 学员微信群，并发红包作为奖励。本次共收集数据样本306份，有效数据295份，有效率为96.4%。其中，男性样本49.15%，女性样本50.85%，几乎各占一半；从年龄分布来看，20~30岁的人数最多，占比达到了74.58%，31~40岁的人数次之，40岁以上的人数最少；在职业方面，在校 MBA 学员占16.27%，公务员、事业单位人员占21.69%，企业人士占51.92%，其他占10.12%。

4.6.3　探索性因子分析

为了进一步评估量表的可靠性，首先对反映群际关系冲突的12个题项进行探索性因子分析，KMO 值为0.890 >0.7，因此，本样本符合指标要求。另外，$\chi^2 = 2858.38$，p =0.000 <0.001，说明变量间有强相关性。提取三个反映群际冲突构念的因子展开因子分析，结果显示，每个题项与相应构念的权重全部在标准上，而且明显高于在其他构念上的比重。这个结果证实了用12个题项去反映所提出的3个构念的可行性。类似的，采用同样的方法，对相对剥夺感，群际信任之狭义信任、广义信任分别进行题项的提取，结果显示再无题项删除。研究二考察的构念测量题项见表 4 - 8，变量间相关系数矩阵见表 4 - 9。

表4-8 研究二测量变量的题项及其信度、效度分析（N=295）

潜变量		编号	题项	因子载荷值	Cronbach's α
相对剥夺感（RD）		RD1	相对于我们对待这些品牌企业而言，我们消费群体并没有得到应有的对待	0.819	0.877
		RD2	作为一位消费群体成员，我对这些品牌企业的做法感到愤怒	0.899	
		RD3	作为一个消费群体成员，这些品牌企业的行为令我感到不快	0.918	
		RD4	我对白酒经营者很失望	0.640	
群际信任	狭义信任（XYTr）	XYTr1	我感觉这些品牌企业是可信的	0.855	0.845
		XYTr2	我对这些品牌企业抱有积极预期	0.792	
		XYTr3	我对这些品牌企业没有怀疑	0.766	
	广义信任（GYTr）	GYTr1	白酒食品生产经营者能够信守行业规范	0.742	0.931
		GYTr2	当白酒产品发生问题时，相关管理部门能够给予消费者支持和帮助	0.872	
		GYTr3	白酒行业的相关管理部门中的大多数官员能真诚地对待他们的使命	0.935	
		GYTr4	白酒行业的相关管理部门是负责的	0.933	
		GYTr5	白酒行业的相关管理部门能够信守管理规范	0.927	
群际关系冲突	消费抵制（CB）	CB1	我将暂时停止考虑购买、消费这些品牌的白酒	0.771	0.826
		CB2	我以后再也不会购买这些白酒了	0.882	
		CB3	我会加入抵制这些问题品牌白酒的行列	0.747	
		CB4	以后再也不消费白酒了	0.575	
	报复欲望（Rev）	Rev1	我想要采取行动让这些品牌陷入困境	0.925	0.933
		Rev2	我要以某种方式惩罚这些品牌	0.910	
		Rev3	我要给这些品牌制造麻烦	0.929	
		Rev4	我要让这些品牌受到应得的惩罚	0.773	
	负面口碑（Nwom）	Nwom1	我不会向他人推荐这些品牌	0.661	0.919
		Nwom2	警告朋友和亲属不要去消费这些品牌的白酒	0.877	
		Nwom3	向朋友和亲属抱怨这些品牌白酒有问题	0.956	
		Nwom4	跟朋友和亲属说这些白酒品牌方不讲诚信	0.955	

资料来源：量表根据侯赛因·卡卡等（2011），丽莎·帕格托等（2013），杨国亮、卫海英（2016）等相关文献，数据来自本研究问卷统计结果。

表 4 – 9　　　　　　　　　　描述性统计及变量间的相关系数

变量	相对剥夺感	狭义信任	广义信任	消费抵制	报复欲望	负面口碑
相对剥夺感	1.000					
狭义信任	− 0.103	1.000				
广义信任	− 0.027**	0.606	1.000			
消费抵制	0.501	0.079*	0.200	1.000		
报复欲望	0.258	0.206	0.150	0.476	1.000	0.476
负面口碑	0.606	− 0.036**	− 0.072*	0.513	0.476	1.000
均值	5.6424	3.8576	4.1492	4.3076	3.0322	4.9059
标准差	1.270	1.509	1.533	1.462	1.731	1.522

注：*、**、*** 分别表示 p < 0.01，p < 0.05，p < 0.001，下同。

资料来源：AMOS 统计输出。

4.6.4　验证性因子分析

为了进一步评估量表，通过内部信度、聚合效度和区别效度来评估。通过复合可靠性来评估内部信度，Cronbach's α ≥ 0.7 属于高信度，且组合信度（CR）的最小值为 0.836，大于 0.7，符合可靠度高于 0.7 的要求，因而每个构念可靠水平满足条件。聚合效度用来测量题项代表强度，用平均方差萃取值（AVE）表示，本书中的 AVE 的最小值为 0.565，大于 0.5 的最低值要求，这说明构念的聚合效度满足。进一步做聚合效度检验时考察题项的因子载荷，本书中各题项的最小标准因子负荷值为 0.575，属于可接受的范围，并且没有出现交叉负荷，因此，本测量题项数据满足要求。经计算，本书中 AVE 的平方根均高于交叉变量的相关系数，这意味着构念有很好的判别效度。综上所述，本测量模型信度和效度符合要求。

接下来逐一对每个构念进行验证性因子分析，并整理拟合度。

自变量相对剥夺感的测量模型见图 4 – 4，模型拟合度关键指标值为：$\chi^2 = 7.27$，df = 2，$\chi^2/df = 3.635 < 5$，GFI = 0.988，AGFI = 0.938，CFI = 0.993，TLI = 0.979，IFI = 0.993，均大于 0.9 而小于 1，相异指标 RMSEA = 0.095 < 0.1，SRMR = 0.020 < 0.05。这说明自变量相对剥夺感的测量有效。模型的标准化路径系数见表 4 – 10。

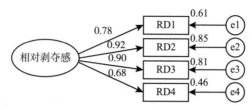

卡方值=7.270 自由度=2
卡方/自由度=3.635 p值=0.026
GFI=0.988 AGFI=0.938 RMSEA=0.095
CFI=0.993 TLI=0.979 IFI=0.993

图4-4 自变量相对剥夺感测量模型

资料来源：AMOS 统计输出。

表4-10 相对剥夺感的路径因子载荷及信效度指标结果 （N=295）

路径	C. R. （t 值）	P 值	标准化路径系数	SMC	CR	AVE
RD1←相对剥夺感	—	—	0.819	0.608	0.894	0.683
RD2←相对剥夺感	17.439	***	0.899	0.851		
RD3←相对剥夺感	17.084	***	0.918	0.809		
RD4←相对剥夺感	12.131	***	0.640	0.460		

资料来源：AMOS 统计输出。

由各路径的标准化系数（见表4-10的第四列）可知，各测量题项所对应的潜变量相对剥夺感的因子载荷处于0.64~0.92之间，且在 p<0.001 的水平下显著，说这些测项可很好地解释潜变量。另外，组合信度（CR）为0.894大于0.5，则测项的组合信度较高；潜变量的平均方差萃取值（AVE）值是0.683，是可接受的，多元相关的平方（SMC）最小值为0.460，大于0.33，即测项的收敛效度较好。

同理，狭义信任、广义信任以及群际冲突三个因子分别进行验证性分析，测量题项的路径标准化系数、标准误（S. E.）、多元相关的平方（SMC）、CR（T 值）、AVE、拟合度指标值等结果的呈现分别见表4-11。同时，分析区别效度时，还需要将各个变量彼此拉相关（如图4-5所示），并整理出区别效度表4-12。

表 4 - 11　验证性因子分析结果（N = 295）

构念	路径	模型参数估计值				收敛效度			拟合度指标值							
		S. E.	C. R（t值）	P 值	标准因子载荷	SMC	CR（组成信度）	AVE	χ²/df	GFI	AGFI	CFI	TLI	IFI	RMSEA	SRMR
相对剥夺感（RD）	RD1 <--- 相对剥夺感	—	—	—	0.819	0.670	0.984	0.683	2.300	0.992	0.961	0.997	0.990	0.997	0.066	0.012
	RD2 <--- 相对剥夺感	0.060	17.439	***	0.899	0.809	—	—	—	—	—	—	—	—	—	—
	RD3 <--- 相对剥夺感	0.062	17.084	***	0.918	0.843	—	—	—	—	—	—	—	—	—	—
	RD4 <--- 相对剥夺感	0.077	12.131	***	0.660	0.409	—	—	—	—	—	—	—	—	—	—
狭义信任（XYTr）	XYTr1 <--- 狭义信任	—	—	—	0.855	0.731	0.847	0.648	—	—	—	—	—	—	—	—
	XYTr2 <--- 狭义信任	0.070	13.389	***	0.792	0.628	—	—	—	—	—	—	—	—	—	—
	XYTr3 <--- 狭义信任	0.072	13.109	***	0.766	0.731	—	—	—	—	—	—	—	—	—	—
广义信任（GYTr）	GYTr1 <--- 广义信任	—	—	—	0.742	0.550	0.947	0.783	2.996	0.980	0.939	0.993	0.987	0.993	0.082	0.010
	GYTr2 <--- 广义信任	0.073	15.726	***	0.872	0.760	—	—	—	—	—	—	—	—	—	—
	GYTr3 <--- 广义信任	0.076	17.030	***	0.935	0.873	—	—	—	—	—	—	—	—	—	—
	GYTr4 <--- 广义信任	0.077	16.997	***	0.933	0.870	—	—	—	—	—	—	—	—	—	—
	GYTr5 <--- 广义信任	0.078	16.870	***	0.927	0.859	—	—	—	—	—	—	—	—	—	—
消费抵制（CB）	CB1 <--- 消费抵制	—	—	—	0.771	0.595	0.843	0.577	3.058	0.990	0.951	0.991	0.973	0.991	0.084	0.022
	CB2 <--- 消费抵制	0.079	14.023	***	0.882	0.779	—	—	—	—	—	—	—	—	—	—
	CB3 <--- 消费抵制	0.074	12.634	***	0.747	0.558	—	—	—	—	—	—	—	—	—	—
	CB4 <--- 消费抵制	0.084	9.532	***	0.613	0.331	—	—	—	—	—	—	—	—	—	—

续表

构念	模型参数估计值					收敛效度				拟合度指标值							
	路径	S. E.	C. R（t 值）	P 值	标准因子载荷	SMC	CR（组成信度）	AVE	χ^2/df	GFI	AGFI	CFI	TLI	IFI	RMSEA	SRMR
报复欲望（Rev）	Rev1 <---报复欲望	—	—	—	0.925	0.856	0.936	0.786	1.372	0.995	0.976	0.999	0.998	0.999	0.036	0.007
	Rev2 <---报复欲望	0.039	26.339	***	0.910	0.828	—	—	—	—	—	—	—	—	—	—
	Rev3 <---报复欲望	0.036	27.919	***	0.929	0.863	—	—	—	—	—	—	—	—	—	—
	Rev4 <---报复欲望	0.051	17.986	***	0.773	0.598	—	—	—	—	—	—	—	—	—	—
负面口碑（Nwom）	Nwom1 <---负面口碑	—	—	—	0.661	0.437	0.925	0.758	2.511	0.992	0.958	0.997	0.992	0.997	0.072	0.014
	Nwom2 <---负面口碑	0.095	13.290	***	0.877	0.769	—	—	—	—	—	—	—	—	—	—
	Nwom3 <---负面口碑	0.099	14.194	***	0.956	0.914	—	—	—	—	—	—	—	—	—	—
	Nwom4 <---负面口碑	0.100	14.186	***	0.955	0.912	—	—	—	—	—	—	—	—	—	—

注：*** 表示 $P < 0.001$。

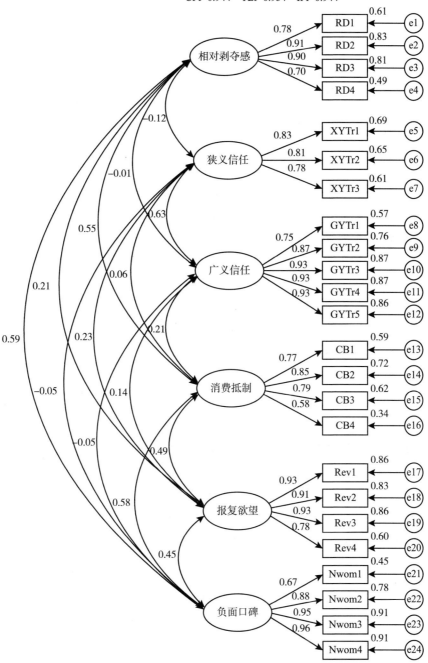

图 4-5 各构念彼此相关的结构模型

表 4 - 12 区别效度

		收敛效度区分效度					
	AVE	狭义信任	负面口碑	报复欲望	消费抵制	广义信任	相对剥夺感
狭义信任	0.648	**0.805**	—	—	—	—	—
负面口碑	0.758	-0.052	**0.871**	—	—	—	—
报复欲望	0.786	0.234	0.450	**0.887**	—	—	—
消费抵制	0.577	0.061	0.580	0.495	**0.760**	—	—
广义信任	0.783	0.629	-0.049	0.138	0.214	**0.885**	—
相对剥夺感	0.683	-0.116	0.588	0.212	0.546	-0.011	**0.826**

注：对角线粗体字为 AVE 之开根号值，下三角为变量的皮尔逊相关。

资料来源：AMOS 统计输出。

判断区别效度，根据每一个构念的 AVE 开根号的值均大于所有的相关的标准，可看出表 4 - 12 数据中，对角线上的值都比与之相关变量的相关系数大，如狭义信任的 AVE 开根号值为 0.805，均大于其与其他变量的相关系数值 -0.052、0.234、0.061、0.629、-0.116；相对剥夺感的 ANE 开根号值为 0.826，也均大于其与其他变量的相关系数值 0.683、-0.116、0.588、0.212、0.546、-0.011。所以本研究各个变量有很好的区分效度。至此测量模型信度、效度分析结束，且结果均符合要求。

4.6.5 假设检验

现实中，当年酒鬼酒首先爆出白酒行业塑化剂超标事件后，白酒酿造行业 14 家上市公司累计蒸发市值已达 464.4 亿元，所以假设 1 无须再用本次研究数据验证，下面只对剩余的假设——验证。

1. 构建自变量与因变量的结构模型

自变量和因变量的结构模型见图 4 - 6。由分析结果看出，模型适配度良好：卡方/自由度的值是 3.344，小于 5，GFI、AGFI 大于 0.8，属于可接受范围，而 CFI、TLI、IFI 均大于 0.9，RMSEA = 0.089 < 0.1。该模型的路径分析见表 4 - 13。

表 4 - 13 自变量与因变量的 SEM 各路径系数与显著性（N = 295）

路径	标准化路径系数	C. R.（t 值）	P
消费抵制 <--- 相对剥夺感	0.565	8.56	***
报复欲望 <--- 相对剥夺感	0.248	4.032	***
负面口碑 <--- 相对剥夺感	0.602	8.702	***

注：*** 表示 P < 0.001。

从表 4 - 13 可以看出，自变量对三个因变量的三条影响路径中的 C. R. 值即 t 值都大于 1. 96，且 p 值小于 0. 001，结果显著；且三条路径的标准化系数（也是回归系数）分别为 0. 565、0. 248、0. 602（均为正数）。这说明相对剥夺感对消费抵制、报复欲望以及负面口碑都有正向影响，即假设 4 - 2 及其子假设 4 - 2a、假设 4 - 2b、假设 4 - 2c 得到验证。

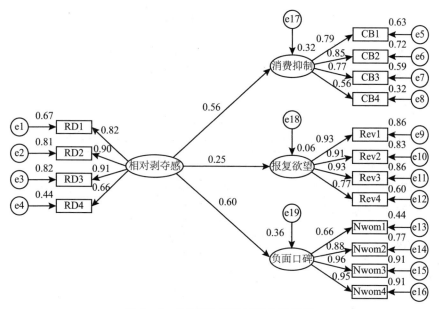

图 4 - 6　自变量与因变量的结构模型

2. 构建自变量对中介作用的模型（见图 4 - 7）

依据修正指标进行修正，得出拟合度分别为：卡方/自由度的值是 3. 143，小于 5，GFI = 0. 920，AGFI = 0. 877（属于可接受范围），CFI = 0. 961、TLI = 950、IFI = 0. 962，均大于 0. 9，RMSEA = 0. 085 < 0. 1，拟合度还可以，该模型的路径分析见表 4 - 14。可以看出自变量中介变量的影响结果均不显著：两条影响路径中的 C. R. 值分别为 - 1. 851，1. 328，均小于 0. 96，且 p 值大于 0. 05，这说明相对剥夺感对群际信任没有影响，即假设 4 - 3 及两个子假设 4 - 3a、4 - 3b 没有得到验证。

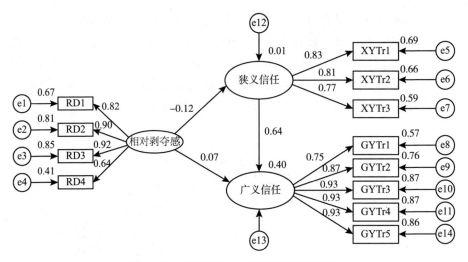

图 4 - 7　自变量与中介变量的结构模型

资料来源：AMOS 统计输出。

表 4 - 14　　　　自变量与中介变量的 SEM 各路径系数与显著性（N = 295）

路径	标准化路径系数	C. R.（t 值）	P
狭义信任 <---相对剥夺感	- 0. 122	- 1. 851	0. 064
广义信任 <---相对剥夺感	0. 069	1. 328	0. 184

既然自变量对中介的作用不存在，那么之后中介对因变量的假设 4 - 4 以及子假设、中介作用的检验 4 - 5 就到此结束，无法继续分析。

4.6.6　研究结论

通过对社会人群的调研，收集 295 份数据，继续探究基于社会比较理论下的消费内群体的相对剥夺感负面心理，食品业品牌群危机导致的狭义信任与包括制度信任和行业信任在内的广义信任对群际冲突之消费抵制、报复意愿和负面口碑的中介作用。运用 SPSS 22. 0 和 AMOS 24. 0 统计软件经过完备的一系列信度检验、效度区分等探索性与验证性因子分析后，构建自变量与因变量、自变量与中介变量的结构方程模型 SEM 后，得到以下结果。

第一，食品业发生品牌群危机之后，的确能造成消费群体内较高的相对剥夺感（均值为 5. 6424），并能明显直接引致群际冲突，消费者的负面口碑意图与行为尤为明显（标准化回归系数为 0. 60，均值为 4. 906），消费抵制也较强（标准化回归系数值为 0. 56，均值为 4. 308），然而报复欲望并不强烈（标准化回归系数值为 0.25，均值为 3.032）。

第二，食品业的群际冲突作用路径中，消费者对包括制度信任与行业信任在内的广义信任和对品牌群的狭义信任，并不是剥夺感引发群际关系紧张的中转路径。相对剥夺感与狭义信任之间的负向关系不显著（标准化系数为 −0.122，p > 0.05）、与广义信任之间的负向关系不显著（标准化系数为 0.069，p > 0.05）。

4.7　研究发现与管理启示

本章基于社会比较理论，立足外卖平台食品品类（必需品类）和线下白酒（选购品类）消费行为，分别以大学生和社会人群为研究被试，先后通过两个研究考察我国食品行业因爆发质量安全风险而引发的消费者与品牌方、消费者与食品行业管理者、消费者与政府监管制度之间的群际关系冲突产生的过程。以品牌群危机引发的消费者相对剥夺感为自变量，以消费抵制、报复欲望和负面口碑为冲突的量化因子，以狭义信任和广义信任为中介机制，运用统计分析软件经过一系列的数据分析后发现两点。

（1）无论是线上的必需品消费还是线下选购品消费，食品行业的品牌群危机都会导致严重的群际关系冲突，引发消费者对品牌群体的负面行为（消费抵制、负面口碑）和负面情绪（报复欲望）。

（2）生活必需品的食品品类（外卖对当下多数年轻人来说是必需消费的）品牌群出现负面危机时，群际冲突的产生过程为：品牌群危机——强烈的相对剥夺感——狭义信任（品牌群信任）降低——群际冲突出现（消费抵制、负面口碑、报复欲望），即狭义信任充当了中介，而广义信任的中介不显著；但是，当食品品类是选购品（如白酒类）而出现品牌群危机时，消费者尽管会表现出明显的消费抵制、负面口碑与报复欲望，但并不是对品牌群信任、广义信任的降低（均值为 4.1492）所致，可能另有原因，此时的群际关系冲突作用路径为：品牌群危机——强烈的相对剥夺感——？（"？"表示未探明的中介原因）——群际冲突出现（消费抵制、负面口碑、报复欲望）。

本研究发现能给企业提供的管理建议主要有三点。

第一，食品企业要重视与消费之间的情感纽带。因为在食品业品牌群体性危机情境下，基于食品的必需品和经验品属性，消费群体很容易将经营者放置在对立面，从而直接引发群际冲突（消费抵制与负面口碑），所以，食品类生产经营者要尊重消费者，重视消费者的情感需求，构建食品品牌方和消费者的相互供养关系，这样才不至于在危机时，消费者和企业相互不尊重。

第二，对不同的品类引致的冲突，要分别运用不同的策略加以应对。对线上生活必需品而言，要重点关注品牌群危机对品牌群体信任的负面影响，重点修复消费者对品牌群的信任。

第三，我国食品类经营者要努力培育负责任的世界品牌。食品经营者首先要怀有常态化管理风险的意识和能力，其次要诚实守信、勤练内功，培育国际化品牌。食品行业近似于完全竞争市场，随着我国改革开放持续深入和电商平台遍地开花，消费者极易进行品类转换或品牌转换，如果品牌内功不扎实，消费者很容易弃之而去。

品牌群危机引发的群际关系冲突对品牌方带来的负面影响是消费抵制、品牌形象受损、品牌—消费关系断裂。如何缓释负面效应，是企业极为关注的问题。下章将在前期案例研究的基础上，基于利益相关者理论，从企业社会责任视角探究其对品牌修复的积极效果及作用边界。

第 5 章

企业社会责任对食品业
群际冲突的缓解效应

　　课题组连续跟踪了十年间食品业典型的品牌群危机事件及危机事件后CSR 活动信息，结果发现，为了减少与公众、消费者、社区、媒体、政府、员工及债权人之间因为危机而引发的群际冲突，超过八成的企业会积极开展各类补救性 CSR 活动。基于利益相关者视角，企业较多选择了 CSR 中的社区责任（占比58.3%）、消费者责任（占比47.9%）、环境责任（占比19.8%）、员工责任（占比7.3%）。此外，有些企业还对高频率出现的责任类型进行了组合，社区责任、消费者责任和环境责任三类社会责任两两组合或者三者同时出现的频率最多，有些还辅之以员工责任和供应商责任。

　　根据情感认同理论，消费者与品牌的关系的实质是价值和情感需求吻合的体现。恰当的企业互动仪式设计在品牌危机修复中可以发挥缓解紧张状态、激发积极情绪的作用，修复或重建企业与消费者的关系，进而有助于消除社会关系的失衡。企业社会责任行为就是一种互动仪式。（冉雅璇等，2018；Wei，Ran，2019）。当企业被曝光负面信息时会产生群体内疚（王悦，龚园超，李莹，2019），基于羞耻情绪与内疚的心理体验，企业会做出补偿行为，如做慈善、援助（Sharvit et al.，2015）。当企业做出正面 CSR行为时，很容易引发消费者对品牌产生正面情感，对品牌产生认同，进而提升对品牌形象的评价。

　　那么，食品企业在爆发群发性品牌危机后，各种 CSR 行为策略是否能挽回消费者，获得消费者宽恕，重建品牌—消费者关系，从而减缓冲突的负面效应？如果答案肯定，其原理如何？本章将围绕这些问题，通过两个实验分别重点探究。（1）CSR 对能否减缓品牌群际冲突的自我救赎？此阶段探索宏观的 CSR 的缓解效应（实验一研究内容）以及 CSR 历史对效果的影响，目的是：辨别危机发生后，企业开展的 CSR 策略是常规化的、持续的主动性战略行为（proactive CSR initiatives），还是为应对危机、转移公众视线、扭转负面形象而实施的反应性战术方案？（2）危机后企业较多使用的五类具体 CSR 行为是否都有缓释作用，进而比较其效果的差异性。同时，纳入危机关键属性——危机类型，探究其对缓解效应的影响。在衡量缓解效应时，重点选取了消费者宽恕、品牌信任、品牌关系再续意愿。本章研究思路见图 5 - 1。

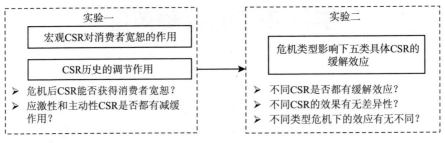

图 5 - 1 本章研究逻辑

5.1 理论基础

5.1.1 形象转移理论

形象转移理论源于品牌代言人与某事件之间的关联性，学者们在关联性基础上提出了形象转移理论（张黎等，2007）。该理论认为企业雇用名人进行品牌代言时，名人的内涵会通过广告传播转移到品牌当中。部分学者尝试将形象转移理论引入针对性赞助活动等，提出"通过赞助活动可以使事件的某些特点转移到赞助品牌上"的观点。据此，吉维纳（Gwinner，1997）提出了品牌形象转移。他认为企业品牌形象与被赞助活动的关联类似于品牌与代言人之间的关系，消费者通过品牌联想转移将被赞助者与某种意义联系在一起，然后再将该意义与赞助商品牌联系起来，最终被赞助事件的形象将转移到赞助商、企业品牌形象之上，从而强化或改变企业品牌的形象（Nora，2004），并在消费者态度的影响下实现赞助活动等 CSR 行为到企业形象品牌评价间的转移。

5.1.2 利益相关者理论

利益相关者是指企业达成目标过程中影响到的和受其影响的所有个人、团体（包含股东）。利益相关者因企业活动而承受风险。股东、债权人、雇员、供应商、顾客、公众、社区、环境、媒体等的团体与个人都会对企业活动造成直接或间接，或大或小的影响，因此都是企业的利益相关者（Freeman，1984；Clarkson，1994）。

利益相关者理论认为，首先，企业的生存和发展依赖于利益相关者的支持，故处理和平衡各利益相关者的期望、需求是企业管理者的重要职能，而履行社会责任正是企业满足利益相关者需求的过程（Freeman，1984；Donaldson，preston，1995；冯丽艳等，2016）。其次，企业生产经营活动会影响利益相关者的利益，因此他们对企业有相应诉求，如股东最关心的是企业持续创造利润，债权人关心企业能否按时偿还账款，政府希望企业合乎规范地运作并积极纳税，员工期望获得较好的工资待遇和福利水平，消费者主要关心企业生产的产品是否安全可靠，媒体则在监督和传播企业行为的过程中提升自身的影响力（贾兴平等，2016）。因此，企业在进行获利活动的同时，还应关注社会公众、员工、顾客、环境、社区等利益相关者的利益（Freeman，1984；Wood，Jones，1995；Donaldson，Preston，1995；Jones，1995；Blair. M，1999）。利益相关者理论为 CSR 研究提供一种理论框架，在这个理论框架里，企业社会责任被明确界定为"企业与利益相关者之间的关系"，是企业对其利益相关者应当承担的责任（Clarkson，1995）。引入利益相关者理论能够使企业社会责任对象明确化、内容具体化，从而把企业社会责任与企业的日常经营管理活动结合起来。

各个利益相关者往往基于自身利益需求对企业提出要求，希望企业尽量履行更多的显性契约和隐性契约。企业保持良好形象、提供高质量产品和服务一般被看作是企业对消费者的显性契约，企业对广大利益相关者表达开诚布公的态度、承担责任被看作是企业的隐性契约。当企业经历危机或遇到困难时，利益相关者之间的冲突往往表现得异常激烈，此时更强调隐性契约。另外，研究者按照利益相关者与组织联系的紧密性，将利益相关者分为核心利益相关者和次要利益相关者（Clarkson，1994）。核心利益相关者是指对组织生存起关键作用的群体，组织与核心利益相关者之间的契约关系（主契约关系）是组织多边契约关系中最为重要的一环。次要利益相关者与组织的契约关系（次契约关系）在很大程度上依附于主契约关系。

基于核心利益相关者对组织的重要意义，以及次契约对主契约的依附关系，若组织陷入危机，危机管理的第一要务是处理与核心利益相关者的关系，因为不同的利益相关者存在相互冲突的利益，对于危机事件有不同的解释，因而危机管理策略的匹配也应该从核心利益相关者角度进行考量。处理好了与核心利益相关者的关系，依附于主契约关系的次契约关系便可迎刃而解（Mitchell et al.，1997）。如何有效识别和应对这些利益相关者的利益要求是危机沟通管理的重点，且根据危机情境要首先满足核心利益相关者的利益诉求，明确对谁承担责任更是企业表达承担责任态度的重要前提（Sellnow，Ulmer and Snider，1998），因此，核心利益相关者选择是危机管理中的重要因素。

5.2 实验一：CSR 的缓释效应与 CSR 历史的调节作用

实验一的主要目的是检测危机发生之后企业实施社会责任策略能否缓解消费者和品牌方之间的冲突，并重点考察当企业社会责任历史长短不一时，缓释效果有无显著性差异。缓释效应用"消费者宽恕意愿"来衡量。

5.2.1 文献回顾与假设

1. 危机后 CSR 对消费者宽恕意愿的积极作用

根据形象转移理论，有研究者指出危机管理问题"从根本上说是道德问题"，因此伦理沟通被认为是缓和危机形势、构建企业内外部关系的有效手段之一（Pauchant，Mitroff，1992），提升公司的社会责任是遭受形象危机的公司进行形象修复策略的一种重要方式（Michel，Pamela，2010）。进一步研究证实，危机后企业运用社会责任策略可以缓和长期的品牌受损情况或者重建品牌声誉，而且也能修复与利益相关者的关系（Rachel Ann Saffitz，2010）。同样，研究者认为有效的 CSR 活动在某种程度上能够建立并修复企业和品牌形象（Chang and Liu，2012）。杨礼茂（2014）指出产品伤害危机后 CSR 在一定程度上会影响消费者行为，当 CSR 水平较高（如实施了较多的环境保护行为，并表现了友好的环境保护态度）时，人们会倾向于评估产品伤害危机是外在因素引起的、偶然发生的、企业不可控的，因而对企业指责较少。因此，良好的社会责任形象能够降低企业可能面临的风险（Park，Lee，Kim，2014），有效提升消费者的企业品牌评价（Ellen et al.，2006）。

另一方面，从契约的角度讲，在品牌顺利经营情境下，企业形象主要通过履行显性契约来提升。在危机时通过履行隐性契约可以降低损害，而这是恢复企业形象的决定性因素，CSR 恰是企业与社会的隐性契约（杜岩等，2013）。实证研究发现，危机发生 3~4 个月后消费者慢慢倾向于忘记产品伤害，尤其当企业采取了富有社会责任感的召回措施时（Vassilikopoulou et al.，2009）。

基于以上观点建立假设：

假设 5-1：危机发生后，企业积极履行社会责任，能够获得消费者宽恕。

2. 危机之前 CSR 历史对修复效应的调节作用

企业社会责任历史指在开展一项新的社会责任活动之前，企业是否曾经为相同或类似的社会事业做出过努力（KyuJin Shim，Sung-Un Yang，2016）。之前有社会责任历史的企业，表明其对社会公益的努力和资源投入是持续稳定的；没有社会责任历史的企业，新出现的企业社会责任声明只是仅仅给人一种临时"作秀"的印象。之前许多研究表明，企业社会责任的历史可以作为善意的储存（Jones，Jones and Little，2000；Schietz and Epstein，2005）、在危机品牌时具发挥"晕轮效应"（Brown，T. and Dacin，P. 1997；Madden et al.，2012）和"声誉保险效应"（陈增祥，2012；江炎骏，2013；井淼，周颖，2013），即危机前 CSR 行为能够产生声誉资本。当企业发生危机时，此声誉资本能够减缓危机对企业或者品牌的伤害，因此践行社会责任是理性和有经济回报的选择（Godfrey，2005；吕伟等，2015）。李海廷（2014）运用实验法对危机之前的企业慈善、环境保护和员工社区公益活动三者与消费者购买意愿之间的关系进行研究，发现当由于技术或产品失败导致危机发生时，危机前的社会责任对购买意愿会产生直接与间接影响。一个公司没有任何 CSR 历史可能难以从危机中恢复（Schietz and Epstein，2005）。此外，韦伯和摩尔（Webb and Mohr，1998）也发现，企业社会责任对社会事业的持续时间会影响公众对企业社会责任的利他性归因评价，正如万汉姆和格罗本（Vanhamme，Grobben，2009）所发现的，企业投资在企业社会责任事务方面的持续时间长度能够作为应对危机、消除负面影响的手段。与较长历史的社会责任相比，较短的社会责任历史更容易引起消费者的怀疑。据此提出假设：

假设 5 - 2：当企业以往持续性地从事 CSR 时，危机后的 CSR 行为获得救赎效果更好。

通过假设 5 - 1、假设 5 - 2，提出如图 5 - 2 所示的概念框架模型，并将通过实验一验证该研究模型。

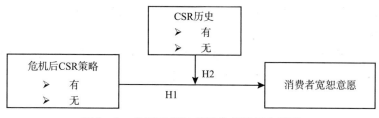

图 5 - 2 危机后 CSR 救赎作用的概念模型

5.2.2 研究方法

1. 研究品类与被试

食品饮料类是消费者高敏感性①行业之一（徐珊，黄健柏，2015），因此本研究选择饮料行业的瓶装水产品作为刺激品类。同时为了排除其他因素干扰，品牌名称用虚拟的"A品牌"代替。再者，选取大学生消费群体作为被试，原因在于：本研究主要探究危机后CSR对消费者的心理和行为的干预，学生是消费者中具有代表性的群体；另外国内外相关危机研究都以学生作为实验对象（冉雅璇，卫海英，2015）。分两阶段完成实验过程，分别采用情景模拟的实验检测方法，并分为预实验和正式实验。

2. 预实验

预实验的主要目的是检测有CSR历史（用YCSR表示）与没有CSR历史（用NCSR表示）信息之间的区别。实验设计为：首先给所有被试分别呈现"A品牌企业介绍文字"（紧接着对"品牌声誉"进行评价）和"品牌危机材料"（紧接着判断危机"严重性"），评价"品牌声誉"与"严重性"是为了操控检验。接下来，给出两个"CSR历史"信息，让其判断YCSR或者NCSR的程度（1表示NCSR，7表示YCSR）。

品牌介绍：A品牌产品是一款软饮料（不含酒精），出自中国大陆一家著名生产饮用水、红茶与果汁的企业。A品牌产品严格控制水源地的水质，注重新产品研发与推广。品牌曾入围中国行业影响力品牌，因其独特舒适的口感而成为消费者瓶装水首选品牌，连续十年来市场位置居于瓶装饮用水市场的前三甲。

危机事件：国内市场某知名饮料品牌A您非常喜爱也经常购买。国内某权威媒体报道，2013年3月，对全国各大省会城市商场超市"天然水""山泉水""矿物质水"等名称的饮料抽检调查报告显示，A品牌饮料检查出病菌、微生物、镉元素，且质量指标数量少于自来水标准规定的数量。进一步调查得知，我国有4个国标包装水标准，各企业参照不同标准执行。直至目前，我国瓶装水统一标准仍未出台，但A品牌表示以后将按照国标中最严标准执行。

CSR历史信息结合万汉姆和格罗本（2009）与晋京和成阳（KyuJin Shim，Sung–Un Yang，2016）的研究设计。

---

① 山立威等（2008）指出，产品与消费者之间的距离越近时，公司品牌就越有可能被普通公众所熟悉，公司的社会可视度也就越高，伴随着消费者敏感性的增加，企业履行社会责任的外部压力也会逐渐加大。饮料行业是消费者高敏感性行业之一。

CSR 历史信息一："A 企业在过去的十年间，持续关注各方利益相关者的利益诉求，将经济发展、环境保护、消费者权益、员工发展、社区公益等社会责任事业融入公司运营的各个方面。十年来持续不断地为消费者提供安全、健康、营养的食品，开采运输水源时保护当地自然生态环境，积极支持社区医疗教育等公益事业，与供应商、分销商开展技术合作并提供资金帮助"。

CSR 历史信息二："在过去，A 企业并没有关注各方利益相关者的利益诉求，没有将经济发展、环境保护、消费者权益、员工发展、社区公益等社会责任事业融入公司运营的各个方面（如为消费者提供安全健康营养的食品，开采运输水源时保护当地自然生态环境，支持社区医疗教育等公益事业，与供应商、分销商开展技术合作并提供资金帮助）。但从今年起，企业承诺将积极承担对消费者的各项社会责任"。

最后，将根据被试的评定进行统计和分析，确定"CSR 历史"信息长短类型。在北方某高校招募了 40 名被试，15 名男性，25 名女性。

T 检验的结果显示："CSR 历史信息一"的均值 $M_{YCSR} = 4.88$，"CSR 历史信息二"的均值 $M_{NCSR} = 3.67$，二者之间差异显著 $[t(39) = 3.21，p = 0.002 < 0.05]$。据此，将"CSR 历史信息一"判定为 YCSR，将"CSR 历史信息二"判定为 NCSR，并将其用于正式实验。

3. 正式实验

正式实验之前先确定刺激材料。刺激材料包括品牌背景介绍、危机事件（这两部分材料与本章实验一的相同）、CSR 策略。

CSR 材料：A 品牌被新闻报道后，企业积极实行严格的瓶装水质量国标，并在事发后积极持续开展各种社会责任活动。首先，积极参与公益慈善：分别多次向雅安和云南鲁甸地震灾区捐赠 500 万元现金和价值 500 万元的物品；帮扶并关怀弱势群体。企业承诺长期关怀社区六家养老院和农村家庭贫困及留守少年儿童，目前已出资 100 万元；在食品工业院校成立奖学基金 100 万元以捐资助学。其次，关注环保。额外付出 200 万元实施节能减排项目；在 90 个城市开展"除雾霾，我参与"社会宣传教育活动；最后，履行对消费者的责任：出资 600 万元保障产品安全与营养，并加大研发新品力度。

正式实验分两步进行。第一步，用实验组和控制组作对比，分析危机发生后 CSR 策略是否能够救赎品牌，即验证 CSR 的主效应，检验 H1。第一步成功实现后实施第二步，用 2 组 CSR 历史信息（YCSR/NCSR）作为调节因子，而自变量仍然是危机后的 CSR 策略，对比分析在 CSR 历史不同的情境下，CSR 策略对消费者宽恕意愿有无差异，从而实现对 H2 的验证。具体步骤如下。

前后两步共四组被试，各组被试独立在某大学课堂进行实验，每组 30 ~ 40 人。第一步，一个实验组和一个控制组的被试阅读与预实验相同的"品牌介绍"文字与"品牌危机"材料，并分别评价"品牌声誉""危机严重性"，用于实验控制（此部分内容与实验第二步相同）。接着，实验组阅读危机后 CSR 行为信息（控制组不出现此信息），之后两组分别对消费者宽恕意愿打分。第二步，给另外两个实验组除了呈现品牌介绍和危机事件材料外，还呈现含有 CSR 历史的信息（有/无）并评价 CSR 历史，给"消费者宽恕意愿"问项打分。最后，完善人口统计信息。

控制品牌声誉与危机严重性变量作为控制变量，这是因为，有研究发现，这两个变量影响危机应对策略的效果。方正等（2011）研究证实，危机前品牌声誉正向调节企业应对策略对品牌资产的影响作用。企业相对较高的品牌声誉和社会责任水平能更好地维持消费者的品牌购买意愿（Siomkos and Kuzbard，1991），消费者对其往往表现出更积极正面的态度和评价，对品牌声誉较低的企业则刚好相反。爱尔文（Elving，2012）研究证实，品牌声誉越高，消费者越较少怀疑企业社会责任行为，而且企业社会责任越能正向作用于购买意愿。因此，考量企业社会责任策略的修复效果，将危机前品牌声誉作为操控变量之一。

严重性指危机事件造成伤害的严重性、持久性以及事件性质的恶劣性，其中造成的伤害有两个方面：生理健康（如损害健康、危害生命）和心理感受（如侵犯自尊、损毁信任、伤害民族感情等）（阎俊，佘秋玲，2010）。顾客感知的服务失误越严重，服务企业采取有效的服务补救难度越大（Levesque，Mcdougall，2000；Smith et al.，1999）。库姆斯（Coombs，2007）的危机情景沟通理论（SCCT）认为，应对策略或修复策略会依据危机情境而有所不同，因此本书在研究主效应时将危机严重性作为另一操控变量。

"品牌声誉"量表综合阿克（1991）的重复购买衡量指标，以阿尔君和乔杜里（Arjun and Chaudhuri，2002）开发的量表为主，并结合李国峰（2008）等的研究，基于本研究品类是食品饮料的产品特点，将品牌声誉量表确定为六个题项："我认为 A 品牌具有高质量""我认为 A 品牌广受欢迎""我相信 A 品牌有良好的口碑""我相信 A 品牌在市场上有很高的品牌地位""我相信 A 品牌有很强的成长能力""我相信该品牌的市场价值很大"。

"危机严重性"测量采用库姆斯（1995）和阎俊、佘秋玲（2010）使用的量表，包含两个题项："该事件给消费者造成了严重的身体伤害""该事件给人们造成了严重的心理伤害"。

"消费者宽恕"的测量综合任金中，景奉杰（2015）、卫海英，魏巍

（2011）等使用过的量表，选取五个题项："我已经原谅了该品牌""我希望这个品牌好""我会同情该品牌""我谴责该品牌""我反对该品牌"。为了检验被试答题时是否专注，最后两个题项设置成反向题，之后统计分析时需要做反向处理。

"CSR 历史"测量采用申晋京（KyuJin Shim，2016）和万汉姆、格罗本（2009）的研究方法，采用实验情景模拟的方法操控实现，描述时重点凸显学者们提出的核心信息（"该企业过去十年一直持续投资 CSR 事业"或者"该企业从今年起将持续关注 CSR 事业"）。所有题项均采用七级 Likert 量表（"1"表示"完全不同意"，"7"表示"完全同意"）。

4. 数据分析

第一步的两组被试中有效样本数为 97，连同第二步的两组被试，共获得有效样本数 130 个，各组样本数从 31 到 34 不等。其中，男生 62 名，女生 68 名，性别对宽恕意愿评价无显著性差异（P = 0.38 > 0.05）。

（1）操控检验。

第一步的两组被试对"品牌声誉"与"危机严重性"的判断一致（$M_{声誉-控制组}$ = 6.00，$M_{声誉-实验组}$ = 5.91，t（96）= - 0.39，p = 0.7 > 0.05；$M_{严重性-控制组}$ = 6.33，$M_{严重性-实验组}$ = 6.34，t（96）= 0.04，p = 0.97 > 0.05）。有 CSR 历史信息的两组被试对 CSR 历史评价有显著性差异：M_{YCSR} = 4.88，M_{NCSR} = 3.67，t = 3.21，p = 0.002 < 0.01。至此，说明实验操控成功。

（2）假设检验。

首先，对控制组和实验组的两组被试通过独立样本 T 检验分析主效应，即验证假设 5 - 1。结果显示：实施 CSR 策略后的实验组的宽恕意愿显著优于没有 CSR 策略干扰的控制组：$M_{控制组}$ = 4.25，$M_{实验组}$ = 4.81，t（58）= 2.45，p = 0.017 < 0.05，二者差异显著，假设 5 - 1 得到有效的支持。

其次，对第二步实验数据进行 ANOVA 分析，以检验 CSR 历史的调节效应，即验证假设 5 - 2。结果显示，接触到 CSR 历史信息的消费者宽恕意愿显著优于没有接触到 CSR 历史信息的被试的评价：M_{YCSR} = 4.81，M_{NCSR} = 4.26，F（1，63）= 8.60，p = 0.005 < 0.01。同时，CSR 策略的主效应 [F（1，63）= 2.25，p = 0.028] 显著而 CSR 历史的主效应不显著 [F（1，63）= 0.48，p = 0.63 > 0.05]，这表明危机后 CSR 策略和危机之前 CSR 历史的交互效应显著，从而假设 5 - 2 得以验证。

5.2.3　实验结论

通过实验一检验了假设 5 - 1、假设 5 - 2，结果如下。

危机后 CSR 策略的确能有效减缓食品业群际冲突，同时，当消费者接触到危机之前企业有持续性的社会责任行为信息时，所得效果会更好。这说明，如果企业的 CSR 行为仅仅是危机发生后的反应性举动时，消费者并不能给予积极评价，因此企业必须在平时持续履行 CSR，这样才能累积 CSR 的声誉保险效应，在危机出现时方能抵御风险。正如简·贝宾顿等（Jan Bebbington et al.，2008）的观点：CSR 报告是声誉危机管理（reputation risk management，简称 RRM）程序之一，即企业发布 CSR 信息可以获得较高声誉。

实验一对食品企业社会责任的衡量，只是宏观地从消费者、环境、社区三方面综合考量，然而，食品企业社会责任内容纷繁多样，危机之后的 CSR 选择需要更多关注与危机相关的利益相关者的诉求。与危机相关的主要利益相关者包括消费者、环境、社区、员工，且针对每一类利益相关者的利益诉求，具体 CSR 也不相同，因此，本研究还需要根据食品企业在危机之后细化的主要 CSR 类别，分别研究每一类 CSR 效果的差异性，同时引入危机类型这一影响因素。这通过实验二来实现。

5.3 实验二：五类 CSR 策略的缓解效果及比较

5.3.1 假设提出

1. 不同 CSR 策略对品牌的缓解效应

实验二研究缓解效应时选择的衡量指标包括消费者宽恕、品牌信任与关系再续意愿三个变量。根据形象转移与形象修复理论，产品伤害危机等情境下，积极的企业社会责任活动记录有助于消费者对产品或品牌做出良好评价（Brown，Dacin，1997），宽恕是消费者愿意与品牌重修旧好、重建信任的关键（Finkel，Kunlashiro and Harnon，2002），修复品牌的过程也是消费者谅解品牌、与品牌和解的过程。社会心理学领域的人际冒犯相关研究表明，正义的激活促进了宽恕的发生（Karremans，Van Lange，2005），且无论是否减少了非正义的鸿沟，受害方也会尽力去宽恕（Worthington，2004；Exline et al.，2003）。主动危机响应正向影响宽恕（任金中，景奉杰，2015）。

在消费者宽恕品牌后，可能会根据正面线索重新启动对品牌形象、品牌信任的评价，并重建与品牌的关系。瓦西里科波卢等（Vassilikopoulou et al.，2009）发现，如果企业在危机中主动召回产品、表现出社会责任感，那么几个月以后，消费者通常会逐渐淡忘危机，提升品牌评价，并且重新购买产品。余伟萍等（2014）研究发现，作为 CSR 主要形式的企业慈善捐助活动能显著修复品牌形象并提升消费意愿。李海廷（2014）指出，企业产品危机发生之后 CSR 对消费者信任具有显著影响作用，主动危机响应正向影响消费者信任（Xie，Peng，2009），履行企业社会责任的活动是企业伴有情感和经济成分在内的主动响应策略。品牌方以慈善公益活动等形式表现出来的企业社会责任，是向社会公众展现情感与利益投入的补偿行为，表现出了品牌对社会的积极态度，这是重要的消费者—品牌关系再续机制之一（徐小龙，2015）。

根据形象修复理论和利益相关者理论，品牌方需要各种有效的经济和情感投入，努力修复与消费者之间的关系，而 CSR 行为兼有经济投入与情感投入成分，如为保障食品安全性能、提高产品质量而增设或整改的生产设备及工序是经济投入，对社会弱势群体和特殊群体的关怀、帮扶更多的是一种情感投入，对社会公益慈善事业所做的人员与资金捐助既是经济投入也有情感投入。通过 CSR 投入使消费者感知到品牌在危机后的善意和能力，从而转变对品牌的厌恶情绪，逐渐恢复对品牌的信任，并逐渐与品牌再续前缘。

另外，课题组对危机后 CSR 特征的研究得出结论：企业针对四类利益相关者的 CSR 行为较多，而且还有针对不同责任对象而实施的多方 CSR 行为组合，每一类 CSR 方案具体内容千差万别，而且根据现有研究与实际情况，在品牌危机情境下的各类 CSR 行为方案对品牌影响作用还不太明朗，因此笔者认为，在品牌危机情境下，每一类 CSR 行为对品牌都有正向效果。于是建立以下假设：

假设 5 - 3：危机后企业履行社区责任能取得显著缓解效应：获得消费者宽恕（假设 5 - 3a）、品牌信任（假设 5 - 3b）和品牌关系再续意愿（假设 5 - 3c）；

假设 5 - 4：危机后企业履行环境责任能取得显著缓解效应：获得消费者宽恕（假设 5 - 4a）、品牌信任（假设 5 - 4b）和品牌关系再续意愿（假设 5 - 4c）；

假设 5 - 5：危机后企业履行消费者责任能取得显著缓解效应：获得消费者宽恕（假设 5 - 5a）、品牌信任（假设 5 - 5b）和品牌关系再续意愿（假设 5 - 5c）；

假设 5 - 6：危机后企业履行员工责任能取得显著缓解效应：获得消费者宽恕（假设 5 - 6a）、品牌信任（假设 5 - 6b）和品牌关系再续意愿（假设 5 - 6c）；

假设 5 - 7：危机后企业履行组合式责任能取得显著缓解效应：获得消费者宽恕（假设 5 - 7a）、品牌信任（假设 5 - 7b）和品牌关系再续意愿（假设 5 - 7c）。

2. 不同 CSR 缓解效应的差异性

莫尔等（Mohr et al.，2001）研究发现，企业从事公益事业和环境保护两种 CSR 行为后，消费者对企业的评价和购买意愿显著提升。克莱门斯和鲍文（Clemens，2001；Bowen，2000）研究发现，企业积极的环境保护行为对品牌形象塑造能带来良好效益，周延风等（2007）从环境保护、慈善捐赠以及善待员工三个方面研究 CSR 对消费者产品质量感知和购买意愿的影响。朱翊敏（2013）只是考察了企业捐助行为对消费意愿的影响，谢佩洪、周祖城（2009）选择企业积极保护消费者权益、积极参加回馈社会的慈善捐赠及公益事业、爱护环境并投身环保事业、切实关心员工权益四类 CSR 对消费者企业认同和购买意愿有积极影响。井淼，周颖（2013）的研究借鉴（Sen et al.，2006；Guido et al.，2005）的"保护环境、支持公益事业、关注弱势群体、对员工负责"四类。波兰斯基和司碧德（Polonsky and Speed，2001）认为在三种可利用的社会责任行为（慈善捐赠、事业关联营销、商业赞助）中，慈善捐赠对企业声誉的提升作用最有效。王春娅等（2014）、余伟萍等（2014）也仅仅研究了危机后慈善捐助活动及其契合度特征对购买意愿、品牌形象有修复作用。李海芹，张子刚（2010）研究了经济、消费者、法律、慈善这四类 CSR 对顾客忠诚具有积极影响，但是环保及员工管理方面的作用并不显著。

还有一些研究将两种或三种行为组合在一起进行度量，但是针对不同利益相关者，对企业的 CSR 行为对危机品牌的正向效果缺乏研究。为此，提出以下假设：

假设 5-8：危机后企业社区责任（假设 5-8a）、环境责任（假设 5-8b）、消费者责任（假设 5-8c）、员工责任（假设 5-8d）和组合式 CSR（假设 5-8e）五种 CSR 对消费者宽恕作用差异显著；

假设 5-9：危机后企业社区公益责任（假设 5-9a）、环境责任（假设 5-9b）、消费者责任（假设 5-9c）、员工责任（假设 5-9d）和组合式 CSR（假设 5-9e）五种 CSR 对品牌信任作用差异显著；

假设 5-10：危机后企业社区责任（假设 5-10a）、环境责任（假设 5-10b）、消费者责任（假设 5-10c）、员工责任（假设 5-10d）和组合式 CSR（假设 5-10e）五种 CSR 对品牌关系再续意愿作用差异显著。

3. 危机类型的调节作用

有学者认为，在不同危机情境下，CSR 行为产生的结果有差异。本书对品牌危机情境从产品性能型（简称性能型）与道德型角度进行分析。普里格等（Pullig et al.，2006）认为与企业道德相关的信息相比，与产品相关的负面信息造成的消极影响更大。也有学者研究表明，品牌质量危机引起的负面效应高于与组织相关的危机（Guban Canli and Batra et al.，2004）。汪旭晖等（2015）认为当企业面临产品型负面网路口碑时，消费者本来就认为企业的产品质量不过关，如果企业还执意实施与产品相关的善因营销 CSR 活动，势必会引起消费者的反感。也就是说，对于与产品本身质量、技术缺陷、服务能力等使用价值密切相关的性能型危机，如果企业想通过 CSR 活动修复品牌，此时更应该做的是改进产品质量，整顿管理水平，提高生产技术与服务技能，实质性的质量改进活动是重新赢得消费者的关键。如果危机后的 CSR 活动被消费者解读为"作秀"与"遮羞"，则会起到负面作用。相反，在道德型危机情境下，产品服务于消费者的使用价值并没有受到影响，而是象征性价值或者企业价值理念遭受质疑，此时，CSR 活动对于重塑企业形象、维持消费者与品牌关系、品牌信任等具有强化作用。于是有以下假设：

假设 5 - 12：相较于性能型品牌危机，在道德型品牌危机情境下，企业社区责任对消费者宽恕（假设 5 - 12a）、品牌信任（假设 5 - 12b）、品牌关系再续意愿（假设 5 - 12c）的积极作用更显著；

假设 5 - 13：相较于性能型品牌危机，在道德型品牌危机情境下，环境责任对消费者宽恕（假设 5 - 13a）、品牌信任（假设 5 - 13b）、品牌关系再续意愿（假设 5 - 13c）的积极作用更显著；

假设 5 - 14：相较于性能型品牌危机，在道德型品牌危机情境下，消费者责任对消费者宽恕（假设 5 - 14a）、品牌信任（假设 5 - 14b）、品牌关系再续意愿（5 - 14c）的积极作用更显著；

假设 5 - 15：相较于性能型品牌危机，在道德型品牌危机情境下，员工责任对消费者宽恕（假设 5 - 15a）、品牌信任（假设 5 - 15b）、品牌关系再续意愿（假设 5 - 15c）的积极作用更显著；

假设 5 - 16：相较于性能型品牌危机，在道德型品牌危机情境下，组合式 CSR 对消费者宽恕（假设 5 - 16a）、品牌信任（假设 5 - 16b）、品牌关系再续意愿（假设 5 - 16c）的积极作用更显著。

基于上述假设建立如下概念模型（见图 5 - 3）。

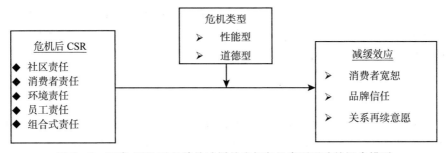

图 5 - 3　五类 CSR 对品牌的减缓效应与危机类型影响的概念模型

5.3.2 研究设计

1. 实验设计

实验采用 5（社区公益责任/消费者责任/环境责任/员工责任/组合式 CSR）×2（品牌危机类型：性能型/道德型）组间因子设计，并有两个不出现 CSR 活动材料的对照组（性能型危机组和道德型危机组）。性能型与道德型危机均通过实验操控来实现。研究品类与本章实验一的相同，品牌名称也用虚拟的"A 品牌"代替，被试仍然是在校大学生。问卷内容以性能型品牌危机下的环境责任组为例。

2. 变量测量

（1）自变量。根据前面的案例研究结果，将危机后企业针对重要利益相关者诉求的五类 CSR 作为自变量刺激材料，根据真实危机后企业真实的 CSR 行为信息进行改编。

（2）因变量。因变量包含三个，分别为消费者宽恕、品牌信任和品牌关系再续意愿。品牌信任恢复根据李达辉等（Dahui Li et al. ，2006）的量表编制，且是徐小龙，苏勇（2015）使用过的量表，共 5 个题项："我重新相信 A 品牌""我对 A 品牌又有了信心""A 品牌值得再次信赖""我觉得 A 品牌又可靠了""在产品伤害危机后这个品牌待我真诚"。品牌关系再续意愿依据多兹等（Dodds et al. ，1991）和徐小龙、苏勇（2015）的研究，使用四个题项的量表："即便同类产品价格相同，我也会购买此品牌产品""我愿意继续购买这个品牌的产品""我愿意继续使用这个品牌的产品""我愿意继续与这个品牌保持关系"。

控制变量仍然为危机前"品牌声誉"与危机"严重性"，题项与实验一相同。所有题项均采用七级 Likert 量表（1 表示完全不同意，7 表示完全同意）。

3. 刺激材料

为了减少实验干扰，实验材料采用虚拟品牌和真实的危机事件以及危机后真实的 CSR。刺激材料包括品牌企业及品牌介绍（与实验一的相同，在此省略）、品牌危机信息、CSR 信息。

（1）品牌危机材料。

性能型危机以 2013 年 4 月某矿泉水水质门和 2012 年 4 月某饮料"含氯门"为原型；道德型以 2013 年 9 月某奶粉企业涉及"贿赂名单"和 2014 年 1 月另一奶粉企业"贿赂门"为原型，在资料收集和分析的基础上，借鉴徐小龙、苏勇（2015）的危机材料表述模板，最终形成如下的虚拟情境。

性能型（道德型）危机：国内某知名饮料 A 品牌是您非常喜爱的品牌，您经常购买消费。有一天，某权威媒体曝光 A 品牌的几个批次产品含有能灼伤食道、致癌的余氯成分（有一天，某权威媒体曝光 A 品牌公司市场推广人员为达成长期采购协议而贿赂国内某大型连锁超市的进货人员，此案件涉及面广）。这一消息被各种媒体争相转载传播，舆论哗然。此报道一出，A 品牌企业进行了认真调查，确认几个批次的饮料产品含有致癌的余氯成分，发现是设备改造、操作失误导致含氯消毒水混入产品，品牌方立即将市面上被污染批次的产品全部下架（此报道一出，A 品牌企业立即严密查处，查明事件是公司个别员工非正当个人行为，公司严肃惩处责任人与涉事员工）。A 品牌方通过报纸、电视、企业官网、官微向广大消费者发布致歉公告，且承诺此类事件以后不会再发生。

（2）CSR 策略材料。

在整个实验中，自变量所包含的五类 CSR 采用文字描述的方式，每一类 CSR 以 2010 ~ 2018 年间案例库中真实材料为原型。如社区公益责任分别以企业发生危机后的赈灾救助、捐资助学、向儿童福利院送关怀的 CSR 为原型；社区发展责任以企业危机后帮助社区修路为原型。同时，每种 CSR 涉及的资金总额均为 2000 万元，以避免每组因 CSR 水平不同而干扰被试［因为企业社会责任水平的异同会对消费者购买意愿产生不同程度的影响（周祖城，张漪杰，2007）］。

有研究发现，当品牌仍然处于危机中时，任何赔偿或者服务措施均不能有效获得消费者对涉事品牌的重购意愿或其他消费行为决策（冯蛟，卢强等，2015），为此，瓦西里科波卢等（2009）关注了危机后三个不同时间段（分别为 3 天、3 个月和 1 年）消费者对危机的反应。研究发现，危机 3 ~ 4 个月后消费者倾向于忘记产品伤害危机，进而会重新唤起购买意愿，因此得出"时间可以疗治创伤"结论。危机之后企业主动开展的各类 CSR 行为从某种程度来说，其实质就是企业对消费者、社会大众的一种补偿。杜卡西（Ducassy I，2013）从危机发生阶段角度对企业社会责任行动的修复作用进行了研究，发现危机发生的开始时期，企业履行社会责任使社会资本与企业财务绩效有着积极的相关一致性，但是在这之前和随后的六个月却不存在积极的关联性。鉴于此，本研究在各类 CSR 材料中，特别提到危机之后 CSR 活动实施时间是危机爆发三个月。

五种具体的 CSR 材料如下。

第一，环境责任。A 品牌负面新闻三个月之后，企业积极履行与环境保护有关的社会责任活动。其一，用 1000 万元实施节能减排项目以保护、改善全民生态环境。技术上，企业重点使用新的节能技术用于照明、空调、冷冻冷藏、节水，并通过加强运营管理提高能源利用效率。其二，启动"环保低碳"社区公益教育活动。宣布将在全国范围内超过 90 个城市的社区开展低碳生活宣传教育系列活动，增强公众对低碳生活的重视，节约水资源。其三，新推出可回收包装瓶并减少重复包装对资源的浪费。其四，生产过程中，增加 1000 万元成本维护水源地原始生态：隔空架起产品运输线，不因新建运输线而破坏原有的生态地貌。

第二，性能型危机下的消费者责任。A 品牌负面新闻一出，企业立即召回并封存问题产品，并在三个月之后，积极履行对消费者的责任。首先，召回并销毁问题产品，赔偿医治消费者。其次，整顿内部管理，加强食品质量安全管理：用资 1000 万元推出质量安全为主打的"七心品质"行动，行动涵盖了水源与供应、工厂环境、安全标准与检测、异物自动预防、研发与产品追溯系统等。再次，实施科技创新，并积极研发新产品：出资 1000 万元人民币，与政府和学术机构合作，通过技术培训和营养科学研究等方式提升食品安全和品质控制。最后，公开产品生产信息：推出含有全部生产信息的全新包装以透明展示给消费者；开展健康饮食与营养宣传。

第三，道德型危机下的消费者责任。A 品牌负面新闻三个月之后，企业积极履行对消费者的责任。首先，整顿企业内部管理，尤其针对营销人员。其次，整顿内部管理，加强食品质量安全管理：用资 1000 万元推出质量安全为主打的"七心品质"行动，行动涵盖了水源与供应、工厂环境、安全标准与检测、异物自动预防、研发与产品追溯系统等。再次，实施科技创新，并积极研发新产品：出资 1000 万元人民币，与政府和学术机构合作，通过技术培训和营养科学研究等方式提升食品安全和品质控制。最后，公开产品生产信息：推出载有产品所有生产环节全部信息的全新包装，透明展示给消费者。

第四，员工责任。A 品牌负面新闻三个月之后，企业认真履行对员工的社会责任。一是提升员工工资及时足额发放并缴纳"五险一金"的执行力。二是出资 1000 万新上保障员工生命健康与工作场所安全的安保防护措施：保证员工休息时间足够以免过劳发生意外，开展消防安全大检查，注重职业病防治。三是注重员工业余生活与个人发展。出资 900 万元作为员工学习某大学网上课程的所有学费，任选专业且毕业后不会被强制要求留企工作；以运动会、养生课堂、理财讲座等形式丰富员工生活。四是帮扶困难员工及家属。公司发放帮困慰问金 80 万元，发放助学育才奖励 20 万元，资助困难家庭子女。

第五，社区责任。A 品牌负面新闻三个月之后，企业积极开展公益慈善活动。首先，实施灾难救助：先后向地震灾区捐赠现金和 A 品牌天然水，共计 1200 万元。其次，帮扶并关怀弱势群体：投资 100 万元帮扶某偏远地区幼儿园和农村家庭贫困及留守少年儿童。再次，助力教育：携手某教育慈善机构，注资 85 万元帮助其开展幼儿绘画素质教育；向某打工子弟学校每年 3 万元持续五年捐资助学；在某食品工业院校成立奖学基金 100 万元。此外，企业积极参与社区建设：投资 100 余万元为企业所在辖区偏远农村铺路，解决紧要民生问题；集团公司出资 400 万元主动承担某地区的扶贫任务。

第六，组合式 CSR。A 品牌负面新闻三个月之后，企业积极实施各类 CSR 活动。首先，开展灾难救助、关怀弱势群体与助学公益慈善活动：先后向地震灾区捐赠现金和 A 品牌天然水，共计 1200 万元；计划年出资 100 万现金与 100 万爱心物资关爱农村贫困家庭及留守少年儿童与老人；在某食品工业院校成立奖学基金 100 万元以捐资助学。其次，开展环境保护项目与宣传活动：用 200 万元实施节能减排项目；增加 100 万元成本维护水源地原始生态；启动 "环保低碳" 社区公益教育活动。再次，履行对消费者的责任：出资 200 万用于研发新产品与严控食品质量管理，同时包装公开产品生产信息。

4. 实验过程

实验组共 10 组，控制组有两组，每组随机选取 40~50 人，分批次在大学课堂进行。首先，实验员向每组被试发放有关品牌危机、性能型和道德型危机以及 CSR 含义的材料（控制组不出现 CSR 材料），并结合前期收集的案例让被试对危机类型做判断练习。当被试能够清楚区分两种危机类型以后，实验员发放预实验所用的企业介绍、危机事件和 CSR 活动材料。

正式实验问卷内容与步骤分三模块。第一部分，12 个组被试首先阅读 A 品牌饮料及企业文字，紧接着对品牌声誉打分（用于操控检验）。然后所有被试阅读品牌危机材料，据此判断危机类型、评价危机严重性（用于操控检验）。第二部分，实验组呈现 CSR 材料，并据此对因变量 "品牌宽恕" "品牌信任" "品牌关系再续意愿" 量表进行打分，而控制组不出现 CSR 材料，直接对因变量量表进行打分。第三部分，所有被试填写人口统计学信息，至此完成整个实验。

5. 样本概况

每组发放 50 份问卷，12 组共 600 份，回收 560 份，回收率 93.3%。剔除选项不完整、所有答案相同以及选项呈 "Z" 字形有规律性的问卷，剩余有效问卷 528 份，各组样本数从 41 到 46 不等。528 个被试中，男生 201 名，女生 327 名，女性样本比例 61.9%，且性别对消费者宽恕（$P = 0.676 > 0.05$）、品牌信任（$P = 0.841 > 0.05$）、消费者品牌关系再续意愿（$P = $

0.409 > 0.05）评价均无显著性差异。

5.3.3 数据分析

1. 信效度检验

量表是基于国内外的成熟量表，在听取学术专家意见后修改形成的，具有较高的内部效度。对量表进行效度和信度检验时，首先对 D2，D3 选项进行反向处理，最后结果见表 5-1。

表 5-1 变量测量量表及信度

变量		测量题项	因子载荷	Cronbach α
操控变量	品牌声誉	A1. 我认为 A 品牌具有高质量	0.598	0.829
		A2. 我认为 A 品牌广受欢迎	0.686	
		A3. 我相信 A 品牌有良好的口碑	0.746	
		A4. 我相信 A 品牌在市场上有很高的品牌地位	0.676	
		A5. 我相信 A 品牌有很强的成长能力	0.604	
		A6. 我相信该品牌的市场价值很大	0.588	
	严重性	C1. 我觉得该事件造成了严重后果	0.829	0.830
		C2. 我认为该事件带来的危害很大	0.822	
因变量	消费者宽恕	D1. 我已经原谅了该品牌	0.713	0.821
		D2. 我谴责该品牌	0.762	
		D3. 我反对该品牌	0.712	
		D4. 我希望这个品牌好	0.535	
		D5. 我会同情该品牌	0.488	
	品牌信任	F1. 我重新相信 A 品牌	0.830	0.936
		F2. A 品牌值得再次信赖	0.800	
		F3. 我对 A 品牌又有了信心	0.789	
		F4. 我觉得 A 品牌又可靠了	0.779	
		F5. 在产品伤害危机后这个品牌待我真诚	0.410	
	品牌关系再续意愿	G1 即便同类产品价格相同，我也会购买此品牌产品	0.801	0.920
		G2. 我愿意继续购买 A 品牌的产品	0.779	
		G3. 我愿意继续使用 A 品牌的产品	0.755	
		G4. 我愿意继续与 A 品牌保持关系	0.667	

资料来源：题项根据文献整理，数据由 SPSS 统计输出。

由表 5 - 1 的分析结果可知，除了 F5 这一题项因子载荷值（0.410）小于 0.45 最低要求而需要删除外，其余题项因子载荷都符合要求。各个量表的 Cronbach α 值介于 0.821 和 0.936 之间，都大于 0.80 的最低值要求，因此各量表信度符合要求。在验证性因子分析中，各变量平均提取方差 AVE 在 0.67 到 0.87 之间，均大于 0.5 的临界值，所以各变量的具有较好的收敛效度和区别效度。

2. 操控检验

首先，分别检验两个控制组对危机类型的判断一致性比率，恰巧都为 93%，远远大于 75% 比率一致性要求，这说明危机类型操控成功。

其次，检验品牌声誉的操控程度。在性能型危机情境下，把社区公益责任、环境责任、消费者责任、员工责任和组合式 CSR 五个实验组分别与控制组以及五个实验组之间分别在品牌声誉的得分做独立样本 t 检验，结果显示，显著性概率 P 最小值为 0.100，最大值为 0.530，均大于显著性概率为 0.05 的要求，这说明各组对品牌声誉评价无显著性差异；在道德型危机情境下，分析得出结论仍相同；针对两个控制组 t 检验也得出相同结论（t = 0.692，P = 0.491 > 0.05）。可见品牌声誉组间组内同质性操控成功。

再次，对危机严重性操控程度进行检验。对于性能型危机来说，产品的使用价值遭到质疑，或者已经给消费者造成了损失。对于道德型危机而言，产品的使用价值并没有遭受影响，更多的是产品的象征性价值受到负面影响，而危机严重性的测量是站在使用价值角度评判的，因此两类危机严重性测量往往很少在同一水平。在本研究中，为了规避此问题，将严重性判断放在同一危机情境下，分别检验控制组和实验组的得分。检验结果如下：在性能下危机情境下，分别将控制组和实验组、实验组之间一一进行 t 检验，结果显示，控制组和实验组之间 t 检验显著性概率介于 0.144 和 0.825 之间，均大于显著性概率为 0.05 的要求，即控制组和实验组之间对严重性评判不存在显著性差异；在五个实验组内部，检验结果也说明组内同质性被成功操控；对于两个控制组的 t 检验结果显示，两种情境下的危机严重性程度有显著性差异（t = - 3.459，P = 0.001 < 0.01）。

最后，检验两个控制组之间对因变量评价的一致性，将两组数据单独运用方差分析实现，在符合齐次检验条件下，最小的概率为 F（1，88）= 3.733，P = 0.057 > 0.05（此时因变量是宽恕意愿），这说明两个控制组操控成功。至此，所有的操控检验结果均达到理想要求。

3. 假设验证

（1）CSR 对消费者宽恕的积极作用。

第一是性能型品牌危机情境。首先把社区责任、环境责任、消费者责任、员工责任和组合式 CSR 五个实验组分别与控制组在消费者宽恕的得分做独立样本 t 检验，其次在五个实验组之间做独立样本 t 检验，结果见表 5-2。

从表 5-2 前五行可看出，在性能型品牌危机情境下，上述五个实验组与控制组的消费者宽恕均值都存在显著性差异（$t_1 = 2.117$，$t_2 = 2.090$，$t_3 = 2.360$，$t_4 = 2.720$，$t_5 = 3.306$，P 的最大值为 0.04 < 0.05），而且各实验组的均值都高于控制组（$M_{社区} = 4.54$，$M_{环境} = 4.60$，$M_{消费者} = 4.65$，$M_{员工} = 4.73$，$M_{组合} = 4.87$，$M_{控制组} = 4.04$）。说明在性能型品牌危机情境下，企业实施针对不同主要利益相关者的 CSR 行为都能有效赢得消费者对危机品牌的宽恕，即在性能型危机情境下，假设 5-3a，假设 5-4a，假设 5-5a，假设 5-6a，假设 5-7a 得以验证。

表 5-2 从第六行开始的剩余内容显示，在性能型品牌危机情境下，上述五类不同的 CSR 行为消费者宽恕的正向作用并没有显著性差异，但是组合式 CSR 修复效果最好（$M_{组合} = 4.87$），而社区责任的效果最低（$M_{社区} = 4.54$），即便如此，二者之间差异也并不显著（t = 1.563，P = 0.122 > 0.05）。可见，假设 5-8 及其附属假设没有得到验证。

表 5-2　　性能型品牌危机情境下消费者宽恕独立样本 T 检验结果

分　　组		方差齐次检验		均值的 T 检验		
		F	Sig	T	df	Sig
社区责任组（45，4.54）Vs. 控制组（45，4.04）	假设方差齐性	5.224	0.025	2.117	88	0.037
	假设方差非齐性	—	—	2.117	78.524	0.037
环境责任组（44，4.60）Vs. 控制组（45，4.04）	假设方差齐性	0.326	0.569	2.090	87	0.040
	假设方差非齐性	—	—	2.092	86.809	0.039
消费者责任组（45，4.65）Vs. 控制组（45，4.04）	假设方差齐性	1.746	0.190	2.360	87	0.020
	假设方差非齐性	—	—	2.365	84.731	0.020
员工责任（43，4.73）Vs. 控制组（45，4.04）	假设方差齐性	2.560	0.113	2.720	86	0.008
	假设方差非齐性	—	—	2.734	83.204	0.008
组合式 CSR 组（46，4.87）Vs. 控制组（45，4.04）	假设方差齐性	2.139	0.147	3.306	89	0.001
	假设方差非齐性	—	—	3.299	85.224	0.001
社区责任组（45，4.54）Vs. 环境责任组（44，4.60）	假设方差齐性	2.750	0.101	-0.254	87	0.800
	假设方差非齐性	—	—	-0.253	79.527	0.801

续表

分　　组		方差齐次检验		均值的 T 检验		
		F	Sig	T	df	Sig
社区责任组（45，4.54）Vs. 消费者责任组（45，4.65）	假设方差齐性	0.846	0.360	-0.466	87	0.642
	假设方差非齐性	—	—	-0.465	83.815	0.643
社区责任组（45，4.54）Vs. 员工责任组（43，4.73）	假设方差齐性	0.378	0.541	-0.884	86	0.379
	假设方差非齐性	—	—	-0.881	83.443	0.381
社区责任组（45，4.54）Vs. 组合式 CSR 组（46，4.87）	假设方差齐性	0.549	0.461	-1.563	89	0.122
	假设方差非齐性	—	—	-1.566	87.094	0.121
环境责任组（44，4.60）Vs. 消费者责任组（45，4.65）	假设方差齐性	0.534	0.467	-0.167	86	0.868
	假设方差非齐性	—	—	-0.167	84.819	0.868
环境责任组（44，4.60）Vs. 员工责任组（43，4.73）	假设方差齐性	1.017	0.316	-0.517	85	0.606
	假设方差非齐性	—	—	-0.518	83.406	0.606
环境责任组（44，4.60）Vs. 组合式 CSR 组（46，4.87）	假设方差齐性	0.763	0.385	-1.112	88	0.269
	假设方差非齐性	—	—	-1.109	85.659	0.270
消费者责任组（45，4.65）Vs. 员工责任组（43，4.73）	假设方差齐性	0.083	0.774	-0.373	85	0.710
	假设方差非齐性	—	—	-0.373	84.963	0.710
消费者责任组（45，4.65）Vs. 组合式 CSR 组（46，4.87）	假设方差齐性	0.024	0.878	-1.003	88	0.318
	假设方差非齐性	—	—	-1.003	87.800	0.318
员工责任组（43，4.73）Vs. 组合式 CSR 组（46，4.87）	假设方差齐性	0.017	0.896	-0.641	87	0.523
	假设方差非齐性	—	—	-0.642	86.937	0.522

注：（）内前者为样本量，后者为均值。

资料来源：SPSS 统计输出。

第二是道德型品牌危机情境。把五个实验组分别与道德型控制组消费者宽恕的得分做独立样本 T 检验，结果见表 5 - 3。

表 5 - 3　　　　　道德型品牌危机情境下消费者宽恕独立样本 T 检验结果

分　　组		方差齐次检验		均值的 T 检验		
		F	Sig	T	df	Sig
控制组（45，4.76）Vs. 社区责任组（45，4.95）	假设方差齐性	0.477	0.492	-0.848	88	0.399
	假设方差非齐性	—	—	-0.848	87.742	0.399

续表

分 组		方差齐次检验		均值的 T 检验		
		F	Sig	T	df	Sig
控制组（45，4.76）Vs. 环境责任组（44，4.80）	假设方差齐性	0.046	0.831	−0.225	87	0.823
	假设方差非齐性	—	—	−0.225	86.815	0.823
控制组（45，4.76）Vs. 消费者责任组（44，4.63）	假设方差齐性	2.765	0.100	0.636	87	0.527
	假设方差非齐性	—	—	0.637	82.653	0.526
控制组（45，4.76）Vs. 员工责任组（44，4.87）	假设方差齐性	7.489	0.008	−0.612	87	0.542
	假设方差非齐性	—	—	−0.615	76.446	0.541
控制组（45，4.76）Vs. 组合式 CSR 组（41，4.89）	假设方差齐性	0.076	0.783	−0.610	84	0.544
	假设方差非齐性	—	—	−0.611	83.794	0.543

注：（ ）内前者为样本量，后者为均值。

资料来源：SPSS 统计输出。

由表 5 − 3 数据结果可知，在道德型危机情境下，无论针对何种利益相关者的 CSR 行为都无法获得消费者对危机品牌的宽恕，即在道德型危机后，假设 5 − 3a，假设 5 − 4a，假设 5 − 5a，假设 5 − 6a，假设 5 − 7a 不成立，此时假设 5 − 8 及其附属假设不成立。

（2）CSR 对品牌信任的作用。

分别对性能型和道德型危机后企业的社区公益责任、环境责任、消费者责任、员工责任和组合式 CSR 五个实验组与控制组的品牌信任均值进行独立样本 T 检验，结果发现，并不能通过针对核心利益相关者的 CSR 行为可以提升品牌信任。以性能型品牌危机情境下的分析结果为例展示（见表 5 − 4），显著性概率最小值（为 0.414），大于 0.05，不符合实验组和控制组差异的显性要求。此时假设 5 − 3c、假设 5 − 4c、假设 5 − 5c、假设 5 − 6c、假设 5 − 7c 并没有得到验证，假设 5 − 10 及其子假设也不成立。

表 5 − 4 性能型品牌危机情境下品牌信任独立样本 T 检验结果

分 组		方差齐次检验		均值的 T 检验		
		F	Sig	T	df	Sig
控制组（45，4.34）Vs. 社区公益责任组（45，4.21）	假设方差齐性	1.733	0.192	0.560	88	0.577
	假设方差非齐性	—	—	0.560	85.994	0.577
控制组（45，4.34）Vs. 环境责任组（44，4.56）	假设方差齐性	0.378	0.540	−0.821	87	0.414
	假设方差非齐性	—	—	−0.822	86.999	0.414

续表

分　　组		方差齐次检验		均值的 T 检验		
		F	Sig	T	df	Sig
控制组（45，4.34）Vs. 消费者责任组（44，4.40）	假设方差齐性	0.126	0.723	-0.184	87	0.855
	假设方差非齐性	—	—	-0.183	84.563	0.855
控制组（45，4.34）Vs. 员工责任组（44，4.45）	假设方差齐性	1.920	0.169	-0.349	86	0.728
	假设方差非齐性	—	—	-0.348	82.148	0.729
控制组（45，4.34）Vs. 组合式 CSR 组（41，4.53）	假设方差齐性	0.150	0.700	-0.671	89	0.504
	假设方差非齐性	—	—	-0.671	88.917	0.504

注：（）内前者为样本量，后者为均值。

资料来源：SPSS 统计输出。

（3）CSR 对品牌关系再续意愿的积极影响。

一是性能型品牌危机情境。首先，把社区公益责任、环境责任、消费者责任、员工责任和组合式 CSR 五个实验组分别与控制组品牌关系再续意愿的得分做独立样本 t 检验。其次，在五个实验组中对品牌关系再续意愿得分最高和最低的两组之间做独立样本 t 检验，以考量各实验组之间修复效应是否存在差异，结果见表 5 - 5。

表 5 - 5　　　性能型品牌危机情境下品牌关系再续意愿独立样本 T 检验结果

分　　组		方差齐次检验		均值的 T 检验		
		F	Sig	T	df	Sig
社区责任组（45，4.24）Vs. 控制组（45，3.50）	假设方差齐性	0.650	0.422	3.158	88	0.002
	假设方差非齐性	—	—	3.158	87.772	0.002
环境责任组（44，4.65）Vs. 控制组（45，3.50）	假设方差齐性	0.029	0.865	4.395	86	0.000
	假设方差非齐性	—	—	4.380	82.960	0.000
消费者责任组（44，4.31）Vs. 控制组（45，3.50）	假设方差齐性	1.024	0.314	2.978	87	0.004
	假设方差非齐性	—	—	2.971	82.198	0.004
员工责任组（43，4.21）Vs. 控制组（45，3.50）	假设方差齐性	5.497	0.021	2.435	86	0.017
	假设方差非齐性	—	—	2.417	76.200	0.018
组合式 CSR 组（46，4.61）Vs. 控制组（45，3.50）	假设方差齐性	0.475	0.429	4.227	89	0.000
	假设方差非齐性	—	—	4.235	87.027	0.000

续表

分　　组		方差齐次检验		均值的 T 检验		
		F	Sig	T	df	Sig
环境责任组（44，4.65）Vs. 员工责任（43，4.21）	假设方差齐性	3.406	0.068	1.407	84	0.163
	假设方差非齐性	—	—	1.407	81.444	0.163

注：（　）内前者为样本量，后者为均值。

资料来源：SPSS 统计输出。

从表 5-5 前五行可看出，在性能型品牌危机情境下，上述五个实验组与控制组相对比，品牌关系再续意愿的均值都存在显著性差异（$t_1 = 3.158$，$t_2 = 4.395$，$t_3 = 2.978$，$t_4 = 2.435$，$t_5 = 4.227$，P 的最大值为 0.018，小于 0.05），而且各实验组的均值都高于控制组（$M_{社区} = 4.24$，$M_{环境} = 4.65$，$M_{消费者} = 4.31$，$M_{员工} = 4.21$，$M_{组合} = 4.61$，$M_{控制组} = 3.50$）。说明在性能型品牌危机情境下，实施针对不同主要利益相关者的 CSR 行为都能有效实现消费者品牌关系再续意愿，即在性能型危机情境下，假设 5-3d，假设 5-4d，假设 5-5d，假设 5-6d，假设 5-7d 得以验证。

接着验证假设 5-11 及其子假设。表 5-5 第六行内容显示，在性能型品牌危机情境下，对消费者品牌关系再续意愿的积极作用最好的环境责任和最差的员工责任之间并没有显著性差异（t = 1.407，P = 0.163 > 0.05）。可见，假设 5-11 及子假设不成立。

二是道德型危机情境。把上述五个实验组分别与道德型控制组品牌关系再续意愿的得分做独立样本 T 检验。同时，在五个实验组中对品牌关系再续意愿得分最高和最低的两组之间做独立样本 t 检验，以考量各实验组之间的效应是否存在差异，结果见表 5-6。

表 5-6　　　　道德型品牌危机情境下品牌关系再续意愿独立样本 T 检验结果

分　　组		方差齐次检验		均值的 T 检验		
		F	Sig	T	df	Sig
社区责任组（45，4.95）Vs. 控制组（45，4.02）	假设方差齐性	0.361	0.550	3.689	88	0.000
	假设方差非齐性	—	—	3.689	87.497	0.000
环境责任组（44，4.56）Vs. 控制组（45，4.02）	假设方差齐性	1.200	0.276	2.063	87	0.042
	假设方差非齐性	—	—	2.060	84.850	0.042
消费者责任组（44，4.68）Vs. 控制组（45，4.02）	假设方差齐性	0.040	0.842	2.638	87	0.010
	假设方差非齐性	—	—	2.637	86.432	0.010

续表

分　　组		方差齐次检验		均值的 T 检验		
		F	Sig	T	df	Sig
员工责任组（44，4.85）Vs. 控制组（45，4.02）	假设方差齐性	1.625	0.206	3.706	87	0.000
	假设方差非齐性	—	—	3.714	84.690	0.000
组合式 CSR 组（41，4.87）Vs. 控制组（45，4.02）	假设方差齐性	0.136	0.713	3.257	84	0.002
	假设方差非齐性	—	—	3.241	80.878	0.002
社区责任组（45，4.95）Vs. 环境责任组（44，4.56）	假设方差齐性	0.248	0.620	1.434	87	0.155
	假设方差非齐性	—	—	1.433	86.388	0.155

注：（）内前者为样本量，后者为均值。

资料来源：SPSS 统计输出。

由表 5 - 6 数据结果可知，在道德型危机情境下，上述五个实验组分别与控制组对比，品牌关系再续意愿的均值结果都存在显著性差异（t_1 = 3.689，t_2 = 2.063，t_3 = 2.638，t_4 = 3.706，t_5 = 3.257，P 的最大值为 0.042，小于 0.05），而且各实验组的均值都高于控制组（$M_{社区}$ = 4.95，$M_{环境}$ = 4.56，$M_{消费者}$ = 4.68，$M_{员工}$ = 4.85，$M_{组合}$ = 4.87，$M_{控制组}$ = 4.02）。说明在道德型品牌危机情境下，实施针对不同主要利益相关者的 CSR 行为都能有效实现消费者品牌关系再续，假设 5 -3d，假设 5 -4d，假设 5 -5d，假设 5 -6d，假设 5 -7d 再次得以验证。

接下来继续验证假设 5 -11 及其子假设。表 5 -6 第六行数据显示，在道德型品牌危机情境下，对消费者品牌关系再续意愿的正向效果最好的是社区公益责任，而最差的是环境责任，但两者之间差异并不显著（t = 1.434，P = 0.155 > 0.05）。可见，假设 5 -9 及其子假设不成立。

（4）两种危机情境下 CSR 效果的差异性。

在两种危机情境下，CSR 行为均能对之具有正向作用的因变量只有品牌关系再续意愿，因此对 10 个实验组的品牌关系再续意愿评价进行配对样本 T 检验。为了表格美观起见，将各组名称分别简写为：社区组、环境组、消费者组、员工组和混合组，并分别在简写名称前加上"道德型（性能型）"。检验结果见表 5 -7。

由表 5 -7 的第一行和第四行的数据分析结果可知，相较于性能型危机情境，道德型情境下的社区公益责任（$M_{道德型社区}$ = 4.95，$M_{性能型社区}$ = 4.24，t_1 = 2.903，p = 0.005 < 0.05）和员工责任（$M_{道德型员工}$ = 4.85，$M_{性能型员工}$ = 4.21，t_2 = 2.282，p = 0.026 < 0.05）对品牌关系再续意愿的重建作用都显

著优越得多。其余三行数据分析显示，三种责任（环境责任、消费者责任和组合式 CSR）对品牌关系再续意愿的重建作用在两种危机情境下没有显著性差异。可见，假设 5 - 12d，假设 5 - 15d 得到验证，而假设 5 - 12、假设 5 - 13，假设 5 - 14、假设 5 - 15、假设 5 - 16 其余各子假设没有得到验证。

表 5 - 7　　　两种危机情境下品牌关系再续意愿独立样本 T 检验结果

分　　组		方差齐次检验		均值的 T 检验		
		F	Sig	T	df	Sig
道德型社区 CSR（45，4.95）Vs. 性能型社区 CSR（45，4.24）	假设方差齐性	1.373	0.244	2.903	88	0.005
	假设方差非齐性	—	—	2.903	86.544	0.005
道德型环境 CSR 组（44，4.56）Vs. 性能型环境 CSR 组（43，4.65）	假设方差齐性	0.389	0.535	-0.321	85	0.749
	假设方差非齐性	—	—	-0.321	84.927	0.749
道德型消费者 CSR 组（44，4.69）Vs. 性能型消费者 CSR 组（44，4.31）	假设方差齐性	0.856	0.357	1.315	86	0.192
	假设方差非齐性	—	—	1.315	83.857	0.192
道德型员工 CSR 组（44，4.85）Vs. 性能型员工 CSR 组（45，4.21）	假设方差齐性	13.453	0.000	2.295	85	0.024
	假设方差非齐性	—	—	2.282	68.411	0.026
道德型多方 CSR 组（41，4.87）Vs. 性能型多方 CSR 组（45，4.61）	假设方差齐性	0.187	0.666	0.924	85	0.358
	假设方差非齐性	—	—	0.927	84.797	0.356

注：（）内前者为样本量，后者为均值。

资料来源：SPSS 统计输出。

5.3.4　结果与讨论

研究二基于前期对危机后 CSR 特征研究的发现——食品业企业在危机后实施最多的 CSR 分别为社区公益责任、环境责任、消费者责任、员工责任和组合式 CSR，运用实验法验证了在性能型和道德型危机情境下，针对五类不同的主要利益相关者的 CSR 行为对消费者宽恕、品牌信任和品牌关系再续意愿的正向作用，得出以下结论。

（1）在性能型危机情境下，五种 CSR 均能获得消费者宽恕，然而，在道德型危机情境下，任何一种 CSR 都不能对"消费者宽恕"起积极作用。这首先拓宽了克莱因和达瓦尔（Klein and Dawar，2004）的研究发现：如果企业前期履行社会责任活动，则在产品伤害事件中，消费者更容易原谅企业，从而企业无形的品牌资产得以保持。本书证实，在品牌危机情境下，企业社会责任也能获得消费者原谅，重获包括消费者宽恕在内的品牌资产。同时也证实了科琴和摩恩（Kotchen and Moon，2012）的观点：主张企业从事 CSR 的动机是因为它可以作为一个忏悔机制，以弥补过去的不负责任行为（CSI）造成的成本外部化。其次，本书结论推翻了康、吉尔曼和格鲁瓦尔（Kang，Germann and Grewal，2016）的发现：企业策略性的 CSR 救赎机制并不能抵消过去不负责任行为的负面影响，本书运用实验法得出了相反的结论。对此结论做如下解释。

当危机与产品性能缺陷有关时，只要企业在努力改进产品质量与整顿管理秩序后，还在主动履行对各方核心利益相关者的 CSR 诉求，消费者自然会对品牌方给予改过自新的机会，因为"人无完人，孰能无过"，人格化特征的品牌也不例外，犯错后积极承担责任，努力改正，市场自然会重新接纳并给予积极评价。但是如果危机归因于企业价值观缺陷，那么消费者认为品牌方从骨子里就是一个"恶人"，先天道德缺陷是无法通过后天华丽的外衣掩盖的，因此讨好任何利益相关者的任何的 CSR 举动在消费者看来，都只是表面上打着 CSR 的"红领巾"外衣①而行实质性的"绿领巾"之本（高勇强，陈亚静，张云均，2012），因此，企业寄希望于以各类 CSR 行为获得消费者宽恕亦是枉然。

（2）无论是何种危机类型，任何 CSR 都不能重建品牌信任，即在危机情境下想重建品牌信任而寄希望于 CSR 策略是于事无补的。这也证明了学者们的观点：修复信任是很艰难的过程，即便体现企业价值、伦理、责任、道德等方面的"激励因素"（此处指 CSR 行为）也无法轻易修复信任。食品本身是信任品，但眼下行业潜规则型的产品伤害事件、不绝于耳的品牌危机摧毁了消费者对食品品牌的信任，重获消费者行业信任任重道远，需要企业、行业、政府和社会各方力量共同参与，长久不懈地努力。

（3）在两种危机情境下，五种内容的 CSR 都能提升消费者——品牌关系再续意愿。一方面，这可以依据联想网格理论和互惠理论解释。联想网格理论认为，在产品伤害危机等非常规消费情境下，消费者关于 CSR 的联想会更加活跃，这种联想会对归因判断产生"晕轮效应"（Brown，Dacin，1997），产生道德资本或者为企业带来声誉，减弱利益相关者对企业的惩罚性制裁（Godfrey，2005，2009），降低消费者对企业谴责的程度（Klein，Dawar，2004），修复企业品牌权益，但是修复程度不因负面口碑是产品型还是道德型而有所不同（汪旭晖，冯文琪，张杨，2015）。根据互惠理论，企业在 CSR 缺失后的 CSR 行为是企业犯错后对社会的补偿和歉意表

---

① "红领巾"意指企业一贯的社会责任表现，"绿领巾"意指企业用来为自身其他不当行为遮丑或者用来分散和转移公众视线的遮羞布。

达，也是企业抱着互利共赢的信念而做出的社会投资行为，这种投资行为产生的社会效应并不会因为危机类型是缘于企业道德失范还是能力所限而有所差异，在消费者看来，只要企业能够意识到对主要利益相关者福祉的关注与投入，都应该给予支持和积极响应。另一方面，在道德型品牌危机情境下，即使危机后的各类 CSR 无法获得消费者宽恕，但因为企业服务消费者的能力并没有降低，消费者作为经济人，做出对事（与品牌方保持消费关系）不对人（不宽恕品牌）的消费决策，因而仍然会继续消费品牌产品。

（4）在性能型危机情境下，五类 CSR 对消费者宽恕、品牌关系再续意愿的修复作用并无显著性区别。也就是说，企业如果想采取 CSR 行为策略获得消费者宽恕和消费品牌关系再续意愿，可以选取社区公益 CSR、环境责任、消费者责任、员工责任和组合式责任中的任何一组，其效果都是相同的。

（5）就每类 CSR 对关系再续意愿重建程度而言，道德型危机中的社区责任和员工责任效果优于性能型危机中的社区公益责任和员工责任效果。

这是因为，当品牌危机属于道德型时，产品本身的使用价值并无改变，企业实施的 CSR 如果针对的对象是不确定的社会公众，在消费者看来，这是企业良心发现，是将功赎罪，因此相较于产品使用价值有缺陷的性能型危机，此时的社区公益会获得更高的消费关系再续意愿。同时，如果道德型危机后的 CSR 与员工有关，在消费者看来，这是一个有情谊的企业，能够切实关心员工利益与员工发展，因而相较于性能型品牌危机，更容易获得消费者对企业的支持，继续保持消费意愿是必然选择。

（6）在性能型危机情境下，在能被缓解的两个因变量中（消费者宽恕、品牌关系再续意愿），组合式 CSR 效果最好。可见，危机后 CSR 选择应该首先尽量"多挖井"①（张杨，纪成莲，汪旭晖，2015），兼顾多方利益相关者的利益诉求，也可以多关注社会公益事业，并重视消费者的利益诉求。

5.4 小结

本章通过两次实验分别探究了危机发生之后食品企业社会责任对品牌群际冲突的减缓作用及 CSR 历史和危机类型的影响。

首先，研究一并没有从利益相关者角度细分 CSR，只是从食品安全、保护环境、热心公益等主要方面笼统性衡量 CSR，结合 CSR 历史验证了 CSR 对消费者宽恕的正向作用。结果发现，当企业在危机之前有持续性的 CSR

---

① 多挖井：比喻经常转变所支持的 CSR 活动的主题、连贯度较低、更注重追踪当前的热点事件的多样性企业社会责任策略。

行为记录时，危机之后 CSR 带来的效果会更好；反之，危机之前的企业如果并不关注 CSR，而只是在危机之后作为应对策略，则并不能产生积极的效果。这说明，企业意欲将 CSR 策略作为修复品牌的新策略，就必须在平时经营中注重商业伦理，满足并维护消费者的利益，保护环境，热心社区发展与社会公益，积累社会责任声誉资本，这样，在危机发生时，继续采取 CSR 策略才能有效降低负面影响，逐步恢复品牌影响力。

其次，研究二从利益相关者角度细分 CSR，引入危机类型情境，用实验二检验了企业针对五类利益相关者的 CSR 对消费者宽恕等带来的积极作用及其差异。研究的重要发现如下。

（1）在性能型危机情境下，无论企业选择何种 CSR，都能同时获得"消费者宽恕"，并重建消费者与品牌的"关系再续意愿"，但是当危机属于道德型时，五类主要 CSR 行为方案策略作用大大受限。

（2）无论是道德型还是性能型危机，任何一种 CSR 都不能重建品牌信任。此发现为企业在品牌危机后开展社会责任行为提供了充足的理由和信心，也让企业明白，一时的技术或者能力失误导致产品能力缺陷的无心之过，可以借向主要利益相关者（环境、消费者、员工、社区）实施带有道歉、弥补、回馈、救赎等性质的企业社会责任行为加以挽回。但如果品牌危机缘于企业道德缺陷，那么危机后任何名目的 CSR 带来的积极作用都十分有限。因此，企业生产经营行为不可只为私利丧失业界良心，突破法律约束，泯灭道德底线，罔顾利益相关者诉求，否则，一旦出现危机，卖力行善也无济于事。

第 6 章

企业社会责任缓解群际
冲突的影响因素

本章进一步研究五类 CSR 对消费者宽恕、关系再续意愿产生积极作用时的重要影响因素，同时增加"品牌形象"这一因变量。品牌形象是消费者头脑中品牌联想的反映，是消费者对品牌的总体感知和看法，会影响品牌购买及消费行为，而危机后品牌形象的修复是企业面临的重大课题（汪兴东，2013），也是冲突管理的重要内容（Wilcox，Cameron，2007），因此，研究企业社会责任对品牌群际冲突的缓解效果与影响因素时，有必要考察品牌形象。消费者对企业社会责任活动的反应是一个复杂的心理过程，他们并非盲目地接受企业社会责任活动，相反，在某些情况下还会质疑，甚至引发负面效应（Becker‐Olsen et al.，2006）。因此，危机后企业社会责任策略对品牌形象的修复效应受到一些关键因素的影响（Olsen，2006；Wagner et al.，2009），而消费者对产品的质量感知和作为危机属性之一的危机范围是本研究要考察的两个核心因素。

探究 CSR 活动是否能积极干预危机的负面影响，首先需要考察消费者对产品质量的认知与判断。根据线索诊断理论，感知质量是影响消费者认知和评价企业社会责任活动的重要因素，也是危机后消费者行为决策的关键线索，如果质量感知较低，再善意的 CSR 活动也许都是徒劳。旨在提升企业形象的 CSR 行为策略基础是企业能力（产品质量），失去这一基础，从事 CSR 活动会降低公司的市场价值（Luo，Bhattacharya，2006）。王春娅等（2014）等在研究性能型危机情境时发现，企业慈善捐助活动对品牌形象的修复作用的确受感知质量的正向调节。

另一方面，根据危机情境沟通理论，危机应对与修复策略要根据危机环境而相机选择（Coombs，2007），品牌危机范围是危机的重要情境因素之一。根据信息可接近—可诊断理论、关联认知网络理论等，危机的群发性与单发性对消费者风险感知和对企业社会责任行为评价有重要影响。在单发性品牌危机情境下，企业欲通过践行 CSR 的方式补偿消费者、社会与其他利益相关群体，在消费者看来是为犯错行为"遮羞"（高勇强，陈亚静，张云均，2012）或讨好公众的"伪善"（Wagner et al.，2009）之举，因此很难产生积极响应。再加之食品行业接近完全竞争市场，消费者选择余地大，如果危机属于个别品牌或者企业，消费者转换购买的报复倾向会比群发时强，运用企业社会责任策略重新赢得消费者的难度可能更大。相反，如果品牌危机涉及同行业中的众多品牌，根据归因理论，消费者会认为是企业外部的不可控力导致危机发生，此时顾客的消极情绪相对较弱，此时，如果焦点企业采取主动诚恳的补偿纠正措施，消费者在危机平息后往往会有更高的购买意愿（冯蛟等，2015）。

鉴于此，本书将选择"感知质量"和"危机范围"作为修复效应的调节因子，分别通过两个独立的实验验证其对不同内容的 CSR 行为策略的调节作用的大小和作用的方向。本章研究路线如图 6-1 所示。

6.1　理论基础

6.1.1　线索诊断理论

有关消费者对修复策略效果受感知质量影响的研究，可借用线索诊断理论解释。线索的诊断性是指消费者能否有效地利用已经拥有的信息线索进行产品质量归类，产生与该线索相一致的质量推断，即较高水平的质量线索能否产生较高的质量推断。

线索诊断理论认为，消费者对产品质量的评价是利用合适线索将产品分到一定质量梯队的过程。那些能够准确界定目标产品属于低质量还是高质量的线索，是具有诊断性的线索。相反，当线索的信息模糊不清，或者有几种解释，或者可以将产品分到多个质量梯队时，该线索将不具有诊断性（Herr，Kim，1991）。具有诊断性的线索，对消费者判别产品质量高低具有较高的效用，诊断性较高的线索也将在消费者的质量评估中发挥较大的作用（杨德锋，王新新，2009）。

根据线索诊断理论，在危机后能够积极履行各类企业社会责任的企业，从某种程度上显示了该企业产品或者服务具有高质量的线索，往往使消费者对企业能力产生积极联想，有能力的企业其产品往往具有高质量（Brown，Dacin，1997）。张广玲等（2010）通过实验法证明：正面的企业责任行为会提高消费者对产品质量的感知，降低其对产品风险的感知，从而提高消费者购买意愿；负面的企业社会责任行为会降低消费者的产品质量感知，提高了消费者的风险感知，最终降低消费者的购买意愿。

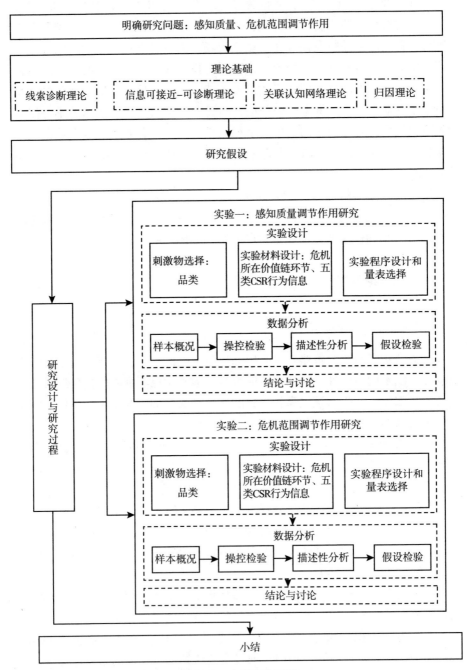

图 6-1　本章研究路线

6.1.2　信息可接近性—可诊断性理论

信息的可接近性是指消费者从记忆中提取信息的难易程度，新接触、频繁接触或是反复接触的信息更易被提取，可接近性高；信息的可诊断性指消费者使用该信息进行认知判断的有效程度，信息的关联程度越高，共享知识越多，信息用于判断的作用越强，可诊断性越高（Menon、Raghubir、Schwarz，1995）。一个信息在多大程度上作用于认知判断和消费决策，取决于内部和外部信息的可接近性和可诊断性（Lynch，Howard，Weigold，1988）。相较于群发性小的品牌危机（如单发性危机），群发性危机牵涉的品牌方较多，负面信息更多，消费者接触产品、企业的负面信息更频繁，可接近程度更高，消费者可感知的风险和威胁更大；就信息诊断性而言，在消费者进行认知判断时，负面信息会占更多权重，此时负面信息对消费者决策更具参考价值，即负面信息比正面信息更具可诊断性（Skowronski，Carlston，1987）。此外，关联性越高的信息可诊断性越强（王海忠、陈增祥、尹露，2009），因此在群发性同类产品品牌危机中，不同品牌方的信息之间关联性更强，产生了叠加效应，此时消费者会利用互有关联、相似或相近的负面信息相互验证，从而增强了负面信息的可诊断性，此时修复危机品牌需要更多努力和更长时间。

根据信息可接近性—可诊断性理论，如果品牌危机属于群发性的，负面信息越多且传播亦越广，造成的负面影响显著高于单个品牌危机事件，此时欲消除危机负面影响，需要多家企业多方努力与持续作为。现实中，我国乳品行业危机不断，使我国消费者对国产乳品的信心急剧下降，甚至至今仍未完全恢复。

6.1.3　关联认知网络理论

关联认知网络理论也叫联想网络（associative network）解释理论，该理论认为存储在大脑中的信息是由不同的认知单元构成的，每个认知单元包含一个节点及与之相关的联想要素，当某个节点被激活时，与之相关的联想要素随之也被激活（Anderson，1983）。品牌和品类的不同属性在人脑中表现为一个个不同的节点，不同的节点通过路径（path）或链接（linkage）相互连接形成网络，居于同一网络的某一品类中的不同品牌的共同属性越多则联结越强，可由一个属性激活另外一个属性（Collins and Loftus，1975）。

根据关联认知网络理论，在群发性产品伤害危机情境下，同一行业中有多家企业同时发生相同的产品伤害危机事件，消费者将频繁地接触到负面信息，会使同一网络中的多个节点被激活，直至该品类的整个网络被激活，提高了负面信息的可接近性和可诊断性。

6.1.4　归因理论

归因理论是人们解释事件发生的原因，以及这种解释信息如何影响情绪、动机和行为的心理学理论。在营销领域，研究者认为归因使顾客产生基本的行为判断，并且可能会改变顾客的后期行为（Weiner，1980）。当发生出人意料的负面事件时，顾客就会进入归因程序（Weiner，2013），推断或探究事件发生的原因。

在归因判断过程中，危机的群发属性会对归因结果产生影响。如果危机事件是单发的，顾客会认为危机事件是个别行为，与群发性危机相比，消费者会进一步加深对企业的责任归因，往往认为由企业内部因素引起危机事件，且认为企业本身可以控制危机事件并能避免发生（张童，2014）。如果危机是群发性的，消费者则会将责任归因于企业外部因素，并倾向于认为诱发和导致危机的因素在企业可控范围与能力之外，因此会积极响应企业的应对与补救之策。

达瓦尔等（2000）发现，消费者对产品伤害危机的责任归因受到企业社会责任感的影响。亨德森（Henderson，2007）认为较强的企业社会责任感有助于减少消费者对企业的责任归因，对消费者进行正面归因有促进作用，有助于突发性社会和环境问题的有效解决。

6.2　文献回顾与研究假设

6.2.1　感知质量的调节作用

在企业和品牌顺利经营的正常情境下，企业社会责任水平对消费者购买行为的影响受到产品质量的调节作用（Du，Bhattacharya，Sen，2011）。这是因为，根据线索诊断理论，当消费者接触到企业社会责任信息时，会引起对企业能力的联想，积极的企业社会责任是企业有能力服务于市场的信息线索（Brown，Dacin，1997），是产品（或服务）质量好的额外信息，这种额外的产品质量信息降低了消费者对产品绩效的不确定性感知。同时，企业公德行为所产生的企业社会责任联想提高了消费者对企业的认同和满意度（Luo and Bhattacharya，2006），进而可能会更为显著地提升消费者购买意愿（Aaker et al.，2010）。童泽林等（2015）根据线索诊断理论研究证实：相对于没有提供产品质量线索，如果提供产品质量线索，企业家公德行为提升消费者购买意愿的作用显著增强。因为消费者认为对社会负责任的企业往往会对产品负责任，因此良好的企业社会责任形象有助于提升消费者的产品品质信任，亦即企业社会责任水平对消费者购买行为的影响受到产品质量的调节作用（Brown，Dacin，1997；Sen，Bhattacharya，2001）。

社会责任的最低标准是不伤害利益相关者，并当伤害事件发生后能迅速纠正，在危机情境下，企业可能会采取一系列质量管理措施来改善产品质量（Campbell，2006）。贝伦斯等（Berens et al.，2007）研究表明，CSR 并不总是能起到抵消公司负面事件的作用：产品感知质量水平高，企业采取社会责任行为会带来积极的影响；产品感知质量水平低，尤其当该产品质量与消费者自身密切相关时，即使企业采取社会责任行为也无济于事，良好的 CSR 行为信息也无法激起消费者的购买意愿。因此，旨在提升企业形象的 CSR 行为策略基础是企业能力（产品质量），失去这一基础，从事 CSR 活动会降低公司的市场价值（Luo and Bhattacharya，2006）。

另外，还有研究证明，感知质量与顾客承诺及认同存在一定的关系，高水平的感知质量下，顾客更容易建立对品牌的认知和情感承诺（Henning，1997）。森和巴塔查里亚（Sen and Bhattacharya，2001）研究发现，感知质量调节 CSR 对消费者信任的积极作用首先需要消费者自身对公司具有情感上的认同。依据利益相关者理论，企业社会责任应该对各主要利益相关者的利益诉求一视同仁，尤其在品牌危机情况下，首先应该安抚、补偿与危机负面影响直接相关的核心利益相关者——消费者，同时满足企业内部员工利益诉求，增强内部凝聚力；对不确定的危机受害者——社会大众，要努力践行社会公益承诺，以负责任的姿态参与环境治理与保护事项，并以社会公民的角色积极参与社会问题治理、救助帮扶弱势群体等社会公益事业。在单独实施针对某个既定对象利益需求的 CSR 行为时，还需要考虑 CSR 的异质性，同时兼顾多方利益相关者的诉求和期望。于是建立以下假设：

假设 6 - 1：消费者对产品质量感知越高，危机后环境 CSR 对消费者宽恕（假设 6 - 1a）、品牌形象（假设 6 - 1b）和关系再续意愿（假设 6 - 1c）的正向作用效果越好，即感知质量在环境 CSR 对品牌修复作用中发挥正向调节作用；

假设 6 - 2：消费者对产品质量感知越高，危机后消费者 CSR 对消费者宽恕（假设 6 - 2a）、品牌形象（假设 6 - 2b）和关系再续意愿（假设 6 - 2c）的正向作用效果越好，即感知质量在消费者 CSR 对品牌修复作用中发挥正向调节作用；

假设6-3：消费者对产品质量感知越高，危机后员工CSR对消费者宽恕（假设6-3a）、品牌形象（假设6-3b）和关系再续意愿（假设6-3c）的正向作用效果越好，即感知质量在员工CSR对品牌修复作用中发挥正向调节作用；

假设6-4：消费者对产品质量感知越高，危机后社区CSR对消费者宽恕（假设6-4a）、品牌形象（假设6-4b）和关系再续意愿（假设6-4c）的正向作用效果越好，即感知质量在社区CSR对品牌修复作用中发挥正向调节作用；

假设6-5：消费者对产品质量感知越高，危机后组合式CSR对消费者宽恕（假设6-5a）、品牌形象（假设6-5b）和关系再续意愿（假设6-5c）的正向作用效果越好，即感知质量在组合式责任的CSR对品牌修复作用中发挥正向调节作用。

6.2.2 危机范围的调节作用

除了考察消费者对产品的质量感知影响各CSR的修复策略效果外，同时还不能脱离品牌危机自身背景特征的影响，危机范围是重要背景之一。危机范围可用群发或者单发来衡量，即品牌危机所涉及焦点企业的数量是单一的还是众多的（张童，2014）。单发性危机只会负面影响单个企业及顾客，而群发性危机却会影响整个行业与消费者。危机范围大小影响消费者对危机的风险感知，在危机事件中和危机平息后，消费者往往会出现不同的反应（Griffin et al. , 1991），尤其行业性产品危机使得消费者选择替代品牌的机会明显不同（涂铭，2013）。

根据信息关联认知网格理论和归因理论，危机对消费者的影响及反应会受危机背景、消费者个人背景以及企业背景的影响，危机范围影响消费者接触负面信息的可能性与强度，继而影响消费行为与决策（Kotzegger, Schlegelmilch, 2013）。根据信息可接近性—可诊断性理论，当危机范围较小时，虽其对消费者产生的负面影响较小，但是，涉事品牌的消费者还会把未曝光或未波及的其他备选品牌作为替代选择，此时问题企业的补救努力未必产生积极效果，即便企业采取积极主动而富有诚意的CSR行为时，消费者也许并不为所动。也就是说，如果危机属于个别品牌或者企业，顾客转换购买的报复倾向会比群发性的要强，运用企业社会责任策略重新赢得消费者的难度可能会更大。

相反，如果品牌危机涉及同行业中的众多品牌，属于群发性危机时，根据归因理论，消费者会认为是企业外部的不可控力导致危机发生，此时顾客的消极情绪会相对较弱，而且该产品品类若属于生活必需品（如食品行业），消费者因为别无选择，此时如果焦点企业采取主动的诚恳的赔偿措施，消费者在危机平息后往往会有更高的购买意愿（冯蛟等，2015）。企业努力持续践行各类 CSR 行为，首先会唤起消费者对品牌方道德行为的情感共鸣与认同，进而原谅犯错品牌，并逐渐对其产生正面品牌形象判断，重新与其"携手前行"，因此群发性品牌危机情境下，单个企业的补救努力也许会更容易获得消费者支持和谅解。

根据以上观点可以推断危机范围影响应对策略效果，正如冯蛟等（2015）的研究证实的，危机范围对介入时间影响危机平息后品牌购买意愿的调节作用显著，即当产品危机波及范围大时，涉事企业主动介入时消费者购买意愿更高；当产品危机波及范围小时，企业主动介入或被动介入，消费者购买意愿没有差异。

在危机范围不同时，消费者对各类 CSR 的市场反应的确有差异。蒙牛在三聚氰胺事件后启动了频繁的各类 CSR 行动，比如针对社会一些特殊群体，开展了"寻找最美乡村教师"大型公益活动；捐款 100 万元设立"蒙牛助学圆梦基金"，圆高考贫困生的大学梦；开展"捐赠爱心衣物，送出一缕阳光"的爱心活动。针对消费者和媒体，主动邀请媒体、意见领袖、消费者参与"蒙牛开放日"活动；通过举办全国高校"校长杯"乒乓球比赛，见证蒙牛高科技生产技术与管理水平，并向消费者承诺夯实蒙牛牛奶品质根基、不断创新，生产出更多优质乳品。蒙牛持续的公益行为逐渐使企业重新获得了消费者的接纳。相反，自 2010 年 1 月起，富士康被曝光多起员工跳楼事件后，企业的慈善成绩却遭到社会公众谴责，"血汗工厂"的标签未能去除。富士康的善行未获得预期收效的原因很大程度上在于，"跳楼事件"成为富士康一家企业的独有标签，并不会引起消费者对其他同行企业与品牌的关联思考。

基于上述研究可推断出危机后各类 CSR 行为策略在修复品牌形象、获得消费者宽恕及重建关系再续意愿时，危机范围调节自变量—因变量（品牌形象、消费者宽恕、关系再续意愿）之间的关系。于是建立假设：

假设 6 - 6：相较于单发性品牌危机情境，群发性危机后环境 CSR 对消费者宽恕（假设 6 - 6a）、品牌形象（假设 6 - 6b）和关系再续意愿（假设 6 - 6c）的正向作用更显著，即危机范围正向调节环境 CSR 对品牌的修复作用；

假设6-7：相较于单发性品牌危机情境，群发性危机后消费者 CSR 对消费者宽恕（假设6-7a）、品牌形象（假设6-7b）和关系再续意愿（假设6-7c）的正向作用更显著，即危机范围正向调节消费者 CSR 对品牌的修复作用；

假设6-8：相较于单发性品牌危机情境，群发性危机后员工 CSR 对消费者宽恕（假设6-8a）、品牌形象（假设6-8b）和关系再续意愿（假设6-8c）的正向作用更显著，即危机范围正向调节员工 CSR 对品牌的修复作用；

假设6-9：相较于单发性品牌危机情境，群发性危机后社区公益 CSR 对消费者宽恕（假设6-9a）、品牌形象（假设6-9b）和关系再续意愿（假设6-9c）的正向作用更显著，即危机范围正向调节社区公益 CSR 对品牌的修复作用；

假设6-10：相较于单发性品牌危机情境，群发性危机后组合式 CSR 对消费者宽恕（假设6-10a）、品牌形象（假设6-10b）和关系再续意愿（假设6-10c）的正向作用更显著，即危机范围正向调节组合式 CSR 对品牌的修复作用；

依据上述假设，图6-2列出了五类 CSR 修复危机品牌时感知质量和危机范围的调节作用理论模型。

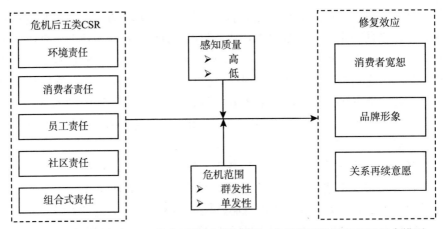

图6-2　危机后四类 CSR 修复品牌时感知质量、危机范围的调节作用概念模型

6.3　实验一：验证感知质量的调节作用

6.3.1　实验设计与实施

1. 研究品类与危机所处价值链环节选择

为了保持与主效应研究研究思路的一致性与完整性，产品品类仍然选取饮料中的瓶装饮用水，这也和被试（大学生）样本的消费习惯相匹配。为了减少实验干扰，实验材料采用虚拟品牌 A 和真实的危机事件以及危机后真实的 CSR 信息编辑而成。

现实中食品行业品牌危机类型多是性能型，研究主效应时选取了生产阶段的危机事件，这次本应该选取销售阶段危机事件，但销售阶段涉及多个事件责任主体（生产商、仓储企业、运输企业、零售商等），消费者对危机责任归因主体有不同认知。因此本章研究感知质量的调节作用时仍然选择了生产加工阶段的危机事件，这也和现实中食品行业品牌危机多为生产阶段的性能型危机这一情况相吻合。

2. 实验刺激物与分组

采用准实验室法，采取组间设计（五组实验组 VS、一个控制组①），即五个实验组（环境 CSR、消费者 CSR、员工 CSR、社区公益 CSR、多方 CSR 组合）再加一组不出现 CSR 活动材料的控制组（包括性能型品牌危机及操控变量、因变量问项），每个实验组 CSR 刺激材料文字大致相同（220 左右汉字）。对感知质量高低无法事先操控，由被试根据相关刺激材料进行判断，之后由均值做高低分组。

实验刺激物包括品牌及企业介绍、饮料生产阶段性能型的品牌危机、危机后的五类企业社会责任（控制组不出现 CSR 信息）。危机事件刺激材料来源于 2013 年 4 月 10 日腾讯财经新闻转载的《京华时报》的报道《农夫山泉被指标准不如自来水曾参与新标制定》②，2012 年 1 月 15 日腾讯报道《专家认为饮用水中的镉、铬、砷等对人体危害加大》等新闻进行整理，最后形成本研究的品牌危机背景材料，并对重要信息加黑呈现，具体如下。

品牌危机：国内某权威媒体报道，自 2013 年 3 月以来，对全国各大省会城市的商场超市的天然水、山泉水、矿物质水等品牌饮料抽检调查报告显

---

① 设置控制组的目的是再次验证主效应是否存在。

② 农夫山泉被指标准不如自来水曾参与新标制定［DB/OL］. 腾讯网，https：//finance. qq. com/a/20130410/001517. htm？pgv_ref = aio2012&ptlang = 2052.

示，A 品牌饮料检查出病菌、微生物、镉元素，且质量指标数量少于自来水标准规定的数量。进一步调查得知，我国有 4 个国标包装水标准，各企业参照不同标准执行。直至目前我国瓶装水统一标准仍未出台，但 A 品牌表示以后将按照国标中最严标准实行。

危机后 CSR 材料与第四章、第五章相同，依据现实危机事件后诸多食品行业企业具体 CSR 整理而成。

问卷内容结构依次为：背景知识（呈现品牌危机和 CSR 概念）；企业与 A 品牌饮料介绍；性能型品牌危机报道；质量感知题项——CSR（评价 CSR 行为的题项）；关系再续意愿题项（包括消费者宽恕、品牌形象及消费者品牌关系再续意愿）；人口统计信息。另外，本次实验中为了保持和主效应操控变量的一致性，仍然将危机严重性和危机发生前的品牌声誉作为控制变量。

实验在成都、重庆和焦作的某所高校课堂进行，选择不同的专业、年级完成全部问卷发放与收集，每个被试只接触一份问卷。调节变量"感知质量"是连续变量，运用准实验法衡量其调节效应时需要根据均值与方差的加减进行高低分组。为了保证高低分组后的样本数量符合实验法研究的样本要求（30 个左右），每组问卷发放 80 个，五个实验组和一个控制组共六组，发放 440 份（控制组不需要分组故样本数为 40）问卷。

6.3.2　变量测量

新增加的变量"感知质量"量表采用卢东，萨玛特·波帕卡和寇燕（卢东，Samart Powpaka，寇燕，2010），甘缇、卡鲁阿纳和斯内霍塔（Gatti，Caruana and Snehota，2012），周延风（2007）等使用过的成熟量表，并根据本书的刺激物品类做了稍许改编，最后采用三个题项："该品牌饮料味道好""该品牌饮料质量可靠""该品牌产品的原材料放心"，量表信效度经检验符合要求（Cronbach $\alpha = 0.810$）。

6.3.3　数据分析

1. 样本概况

发放的 440 份问卷中共回收有效问卷 410 份，回收率为 93.2%，剔除不完整的、所有选项相同的样本后，剩余有效样本为 385 个。其中女性样本 200 个，占总样本百分比为 51.9%；男性样本 185 个，占百分比为 48.1%。各组数据分析显示，男女性别对因变量的评价没有显著性差异，以环境 CSR 组数据为依据，方差分析显示，男女性别对因变量的评价同质（就消费者宽恕而言，$F = 0.833$，$P = 0.364$；就品牌形象来说，$F = 0.000$，$P = 0.992$，就关系再续意愿而言，F＝3.38，P＝0.069）。

2. 操控检验

六组对品牌声誉判断为：$F(5, 379) = 1.228$，$p = 0.296 > 0.05$，说明六组对品牌声誉评价相同；对危机严重性判断也没有显著性差异［$F(5, 379) = 1.251$，$p = 0.284 > 0.05$］；五个实验组对 CSR 评价也没有显著性差异［$F(4, 341) = 1.17$，$p = 0.34 > 0.05$］）。可见，品牌声誉、危机严重性组间同质性被成功操控，CSR 评价组内同质性被成功操控。

3. 相关分析

对五个实验组数据分别进行描述性统计和相关分析，发现调节变量和自变量不相关，而自变量、中介变量和因变量之间相关，以环境责任组数据为例，相关分析结果见表 6－1。如调节变量"感知质量"和自变量环境 CSR 不相关（$r = 0.041$，$p > 0.05$）；CSR 与消费者宽恕正相关（$r = 0.52$，$p < 0.01$），与品牌形象正相关（$r = 0.56$，$p < 0.01$），与关系再续意愿正相关（$r = 0.64$，$p < 0.01$）。变量间的相关关系为后续进一步的模型与假设检验提供基础。

表 6－1　　　　　　　　　相关分析

变量	均值	标准差	品牌声誉	感知质量	严重性	CSR	消费者宽恕	品牌形象
品牌声誉	5.51	1.26						
感知质量	3.95	1.31	0.198**					
严重性	5.38	1.34	0.172**	−0.187**				
CSR	5.67	1.05	0.022	0.041	0.129			
消费者宽恕	4.81	1.25	0.246**	0.480**	−0.080	0.524**		
品牌形象	4.83	1.01	0.277**	0.480**	−0.036	0.559**	0.668**	
关系再续意愿	4.62	1.33	0.196**	0.527**	−0.109*	0.377**	0.645**	0.674**

注：$*p < 0.05$，$**p < 0.01$，$***p < 0.001$。

资料来源：SPSS 统计输出。

4. 再次验证主效应

由于本章刺激材料有变，因此还需要再验证主效应。

本章选取的危机事件所在的食品价值链环节虽则与第四章主效应研究时相同，即生产阶段，但危机事件本身不相同（主效应研究时的危机事件为"A 品牌含有余氯成分，且是由于企业内部生产管理不善导致"；本章危机事件为"A 品牌质量不达标缘于企业外诱因即行业标准不一所致"），在验证调节效应之前，还需要继续验证主效应，为此运用方差分析来实现。在方差分析前描述性统计结果见表6-2。

表6-2 描述性统计结果

因变量	组别	N	均值	标准差	标准误	均值的95%置信区间	
						下限	上限
消费者宽恕	控制组	39	3.8526	0.80850	0.12946	3.5905	4.1147
	环境责任	79	4.8141	1.24699	0.19968	4.4099	5.2183
	消费者责任	76	5.0592	1.18874	0.13636	4.7876	5.3309
	员工责任	62	4.6410	1.15251	0.18455	4.2674	5.0146
	社区责任	62	4.5405	1.08735	0.17876	4.1780	4.9031
	组合式责任	67	4.6307	1.11085	0.16747	4.2930	4.9684
	总数	385	4.6542	1.17209	0.07081	4.5148	4.7936
品牌形象	控制组	39	3.4872	1.09909	0.17599	3.1309	3.8435
	环境责任	79	4.8256	1.01274	0.16217	4.4973	5.1539
	消费者责任	76	4.7658	1.26550	0.14516	4.4766	5.0550
	员工责任	62	4.3897	1.31785	0.21103	3.9625	4.8169
	社区责任	62	4.3297	1.11775	0.18376	3.9571	4.7024
	组合式责任	67	4.5721	1.18770	0.18112	4.2066	4.9376
	总数	385	4.4484	1.25112	0.07572	4.2993	4.5974
关系再续意愿	控制组	39	3.5449	1.35466	0.21692	3.1057	3.9840
	环境责任	79	4.6154	1.32889	0.21279	4.1846	5.0462
	消费者责任	76	3.5868	1.10047	0.12623	3.3354	3.8383
	员工责任	62	4.1667	1.45586	0.23312	3.6947	4.6386
	社区责任	62	4.3986	1.29698	0.21322	3.9662	4.8311
	组合式责任	67	4.2849	1.25781	0.19181	3.8978	4.6720
	总数	385	4.0306	1.33013	0.08050	3.8721	4.1891

资料来源：SPSS统计输出。

描述性统计结果显示，五个实验组环境CSR、消费者CSR、员工CSR、社区公益CSR与组合式责任的"消费者宽恕""品牌形象""关系再续意愿"均值都大于控制组的均值：就消费者宽恕而言，$M_{环境CSR} = 4.81$，$M_{消费者CSR} = 5.06$，$M_{员工CSR} = 4.64$，$M_{社区公益CSR} = 4.54$，$M_{组合式责任} = 4.63$，都大于$M_{控制组} =$

3.85。

为正式进行方差分析，首先须通过方差齐次检验，结果见表 6 - 3。

表 6 - 3   方差齐性检验

因变量	Levene 统计量	df1	df2	显著性
消费者宽恕	0.675	5	380	0.643
品牌形象	0.940	5	379	0.455
关系再续意愿	0.963	5	379	0.441

资料来源：SPSS 统计输出。

根据表 6 - 3 方差同质性检验结果，对"消费者宽恕"而言，Levene 统计量的 F 值等于 0.675，p = 0.643 > 0.05；对"品牌形象"来说，Levene 统计量的 F 值等于 0.940，p = 0.445 > 0.05；对"关系再续意愿"检验变量而言，Levene 统计量的 F 值等于 0.963，p = 0.441 > 0.05。三者均未达到 0.05 的显著性水平，表示控制组和五个实验组样本方差均未违反方差同质性假定，运用方差分析的条件具备。具体方差分析结果见表 6 - 4。

表 6 - 4   **ANOVA**

因变量	组别	平方和	df	均方	F	显著性
消费者宽恕	组间	39.035	5	7.807	6.227	0.000
	组内	336.013	379	1.254	—	—
	总数	375.048	384	—	—	—
品牌形象	组间	50.553	5	10.111	7.195	0.000
	组内	375.209	379	1.405	—	—
	总数	425.762	384	—	—	—
关系再续意愿	组间	46.019	5	9.204	5.646	0.000
	组内	435.213	379	1.630	—	—
	总数	481.232	272	—	—	—

资料来源：SPSS 统计输出。

从方差分析摘要表获悉：三个因变量"消费者宽恕""品牌形象""关系再续意愿"，整体检验的 F 值分别为 6.227（p = 0.000 < 0.001），7.195（p = 0.000 < 0.001），5.646（p = 0.000 < 0.001），均达到显著性水平，这

表示六组在"在消费者宽恕""品牌形象""关系再续意愿"间均有显著性差异。选用 LSD 多重比较法分析是否是实验组和控制组之间的差异，结果见表 6-5。

表 6-5   LSD 多重比较

因变量	（I）组别	（J）组别	均值差（I-J）	标准误	显著性
消费者宽恕	控制组	环境责任	-0.96154*	0.25357	0.000
		消费者责任	-1.20665*	0.22056	0.000
		员工责任	-0.78846*	0.25357	0.002
		社区责任	-0.68798*	0.25697	0.008
		组合式责任	-0.77812*	0.24626	0.002
品牌形象	控制组	环境责任	-1.33846*	0.26845	0.000
		消费者责任	-1.27861*	0.23350	0.000
		员工责任	-0.90256*	0.26845	0.001
		社区责任	-0.84255*	0.27205	0.002
		组合式责任	-1.08491*	0.26213	0.000
	环境责任	消费者责任	0.05985	0.23350	0.798
		员工责任	0.43590	0.26845	0.106
		社区责任	0.49591	0.27205	0.069
		组合式责任	0.25355	0.26213	0.334
	消费者责任	员工责任	0.37605	0.23350	0.108
		社区责任	0.43606	0.23764	0.068
		组合式责任	0.19370	0.22621	0.393
	员工责任	社区责任	0.06001	0.27205	0.826
		组合式责任	-0.18235	0.26213	0.487
	社区责任	组合式责任	-0.24236	0.26582	0.363
关系再续意愿	控制组	环境责任	-1.07051*	0.28912	0.000
		消费者责任	-0.04197	0.25148	0.868
		员工责任	-0.62179*	0.28912	0.032
		社区责任	-0.85378*	0.29300	0.004
		组合式责任	-0.74001*	0.28232	0.009

资料来源：SPSS 统计输出。

　　LSD 多重比较结果显示：针对消费者宽恕，控制组和实验组的均值存在显著性差异，p 要么小于 0.001 要么小于 0.01，均达到显著性要求，即表6－5 的第一行。针对品牌形象、关系再续意愿也得到同样结果，即表 6－5 的第二行与第七行；再结合表 6－1 描述性统计结果，主效应仍然存在，只是消费者责任在感知质量评价影响下对关系再续意愿的正向作用并不显著（p＝0.968＞0.05）。另外，在五个实验组之间，危机后 CSR 行为对消费者宽恕、品牌形象、关系再续意愿正向影响没有显著性差异，具体结果见表6－5 第 2 行、第 3 行、第 4 行、第 5 行。

5. 调节效应检验方法

　　分三步检验调节效应。第一步，根据调节变量（感知质量）均值对各实验组数据进行高低分组。分组方法为：在调节变量的均值左右各一个标准差的区域之外分别作为高低分组，即大于（$\bar{X}＋\sigma$）的数据作为高水平组，小于（$\bar{X}－\sigma$）的数据作为低水平组，在两组中分别回归（陈晓萍，徐淑英，樊景立，2012）。第二步，用简单回归法检验危机后 CSR 对消费者宽恕、品牌形象、关系再续意愿的回归是否显著。第三步，构造自变量和调节变量的乘积项，运用阶层回归法（hierarchical multiple regression）检验乘积项的回归系数是否显著，显著时调节效应存在，且大小值为 ΔR^2；第四步，在乘积项回归系数显著时利用简单斜率法分析调节作用模式。

　　乘积项构造过程，首先对自变量和调节变量进行中心化，即用这两个变量每个样本测量值减去每个实验组的均值，使得新得到的数据样本均值为0，从而减小回归方程中变量间多重共线性的问题。接下来，把经过中心化处理以后的自变量和调节变量相乘构造乘积项。最后，把自变量、因变量（这里要使用未中心化的自变量和因变量）和乘积项都放到多元阶层回归方程中检验交互作用，如果乘积项回归显著，则调节效应存在（陈晓萍，徐淑英，樊景立，2012）。

　　当然，在进行回归分析之前需要通过对预测变量的独立性、不存在方差共线性等基础性条件检验。

6. 假设检验

（1）环境 CSR 时感知质量的调节作用检验。

依据上述调节效应检验步骤。

　　第一步，对危机后的环境 CSR 组数据根据感知质量均值进行分组后做方差分析。在方差分析前需要通过方差齐次性检验，证明（表 6－6）结果变量方差同质（见表 6－6）。

表 6 - 6   方差齐性检验

因变量	Levene 统计量	df1	df2	显著性
消费者宽恕	0.108	1	38	0.745
品牌形象	0.394	1	38	0.534
关系再续意愿	1.181	1	38	0.284

在方差齐次检验之后的分析结果证明：感知质量越高，环境责任越能获得较高水平的消费者宽恕 [$M_{感知质量高}$ = 5.93，$M_{感知质量低}$ = 3.67，$F(1, 37)$ = 63.564，$P = 0.000 < 0.001$]、品牌形象 [$M_{感知质量高}$ = 5.66，$M_{感知质量低}$ = 3.62，$F(1, 37)$ = 48.93，$P = 0.000 < 0.001$]，以及关系再续意愿 [$M_{感知质量高}$ = 4.89，$M_{感知质量低}$ = 3.05，$F(1, 37)$ = 25.677，$P = 0.000 < 0.001$]。这说明假设 6 - 1a，6 - 1b，6 - 1c，6 - 1d 部分验证。感知质量是否对结果变量起调节作用，还需要继续分析。

第二步，为检验调节效应存在与否以及调节效应值，首先需要做简单回归分析。回归结果显示，在每步回归方程中，各变量回归方程的容忍度都是 1，小于 10 的临界值，方差膨胀因子（VIF）也在 1 附近，两者均处于可以接受的临界值内，由此表明本研究不存在多重共线性。各回归方程 Durbin - Watson 值均接近 2（Min = 1.677，Max = 2.154），由此表明被解释变量的残差之间不存在自相关，整体而言，较适合进行回归分析。简单回归数据结果为：危机后环境 CSR 对消费者宽恕正向作用显著（$\beta = 0.54$，$t = 5.65$，$p = 0.000 < 0.001$），对品牌形象正向作用显著（$\beta = 0.65$，$t = 7.53$，$p = 0.000 < 0.01$），对关系再续意愿正向作用显著（$\beta = 0.33$，$t = 3.02$，$p = 0.003 < 0.01$）。

接下来，构造自变量和调节变量的乘积项后，运用阶层回归法观察乘积项回归系数是否显著，显著时调节效应存在，否则不存在。阶层回归法得知，只有当环境 CSR 作用于"消费者宽恕"时，感知质量显著起正向调节作用，而对品牌形象以及关系再续意愿均没有显著调节作用：针对消费者宽恕，$\beta = -0.235$，$t = -2.395$，$p = 0.022 < 0.05$，具体调节效应值 $\Delta R^2 = 0.039$（详细回归结果见表 6 - 7）；针对品牌形象，$\beta = 0.023$，$t = 0.191$，$p = 0.573 > 0.05$；针对关系再续意愿，$\beta = -0.208$，$t = -1.389$，$p = 0.173 > 0.05$。

表 6-7　　　　　　　感知质量在环境 CSR 获得消费者宽恕时调节作用回归分析

变量		阶层一		阶层二		阶层三	
		β	t	β	t	β	t
危机后环境 CSR		0.516	3.665 **	0.257	2.733 *	0.131	1.28
感知质量		—		0.724	7.705 ***	0.819	8.46 ***
危机后环境 CSR×感知质量		—		—		-0.235	-2.395 *
回归模型摘要	F 值	13.436 ***		46.995 ***		37.366 ***	
	R²	0.266		0.723		0.762	
	ΔF 值	13.436 **		59.361 ***		5.738 *	
	ΔR²	0.266		0.457		0.039	

注：因变量：消费者宽恕。* p < 0.05，** p < 0.01，*** p < 0.001。
资料来源：SPSS 统计输出。

　　最后，对调节变量值的高低组分别做回归分析，用简单斜率检验法展示感知质量在环境 CSR 作用于消费者宽恕时的具体调节作用模式。简单斜率检验结果见图 6-3。由图 6-3 可知，感知质量高时的消费者宽恕大于感知质量低时的消费者宽恕。至此假设 6-1a 得到全部验证，而假设 6-1b，6-1c 并没有被验证。

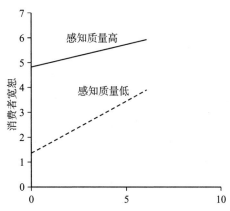

图 6-3　环境 CSR 获得消费者宽恕时感知质量的调节作用

　　（2）消费者 CSR 时感知质量的调节作用检验。
　　为了避免行文表述的呆板，在此检验消费者 CSR 情境下感知质量的调节效应时先不单独进行方差分析，而是将方差分析数据结果穿插在回归分析过程中，因为回归分析才是重点。

依据本研究调节变量检验的步骤继续分析危机后消费者 CSR 正向作用于因变量时感知质量的调节效应大小。简单回归法结果为：危机后消费者 CSR 对消费者宽恕正向作用显著（$\beta = 0.41$，$t = 4.89$，$p = 0.000 < 0.001$），对品牌形象正向作用显著（$\beta = 0.42$，$t = 3.94$，$p = 0.000 < 0.001$），对关系再续意愿正向作用显著（$\beta = 0.20$，$t = 2.71$，$p = 0.041 < 0.01$）。可见消费者 CSR 对品牌形象等有显著修复作用。

接下来运用阶层回归法分析危机后消费者 CSR 行为和感知质量之间的交互作用，即检验调节作用。具体见表 6-8（a）、表 6-8（b）、表 6-8（c）。

表 6-8（a）　　感知质量在消费者 CSR 获得消费者宽恕时调节作用回归分析

变量		阶层一		阶层二		阶层三	
		β	t	β	t	β	t
危机后消费者 CSR		0.412	3.892 ***	0.361	3.540 **	0.426	4.305 ***
感知质量		—		0.310	3.044 **	0.299	3.097 **
危机后消费者 CSR × 感知质量		—		—		0.296	3.036 **
回归模型摘要	F 值	15.145 ***		13.057 ***		12.753 ***	
	R^2	0.170		0.263		0.282	
	ΔF 值	15.145 ***		9.269 **		9.214 **	
	ΔR^2	0.170 ***		0.094 **		0.084 **	

注：因变量：消费者宽恕。* 表示 $p < 0.05$，** 表示 $p < 0.01$，*** 表示 $p < 0.001$。

由表 6-8（a）数据结果分析可知，消费者 CSR 和感知质量的乘积项回归系数显著，$\beta = 0.296$，$t = 3.097$，$p = 0.003 < 0.01$，且方差分析表明感知质量越高，消费者 CSR 对消费者宽恕的正向作用越好［$M_{感知质量高} = 5.38$，$M_{感知质量低} = 4.12$，$F(1, 27) = 5.74$，$P = 0.024 < 0.05$］。将感知质量的均值加减一个标准差（$\sigma = 1.2492$）对其进行高低分组，分别对高低组进行回归后的简单斜率检验，结果见图 6-4（a）。由图 6-4（a）看出，无论感知质量高低如何，消费者 CSR 均正向作用于消费者宽恕（斜率为正），感知产品质量高的消费者面对高水平的 CSR 时，其消费者宽恕意愿更强烈（直线

更陡峭，斜率更大），至此假设 6 - 2a 得到验证。具体层级回归分析结果如表 6 - 8（b）所示，调节作用大小 $\Delta R^2 = 0.084$。

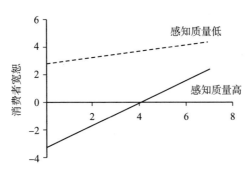

图 6 - 4（a）　实施消费者 CSR 时感知质量对消费者宽恕的调节作用

消费者 CSR 作用于品牌形象、关系再续意愿时，感知质量的调节也存在。对品牌形象而言，感知质量和消费者 CSR 的乘积项回归系数显著：$\beta = 0.374$，$t = 4.511$，$p = 0.000 < 0.001$，调节效应值 $\Delta R^2 = 0.134$，且 $M_{\text{感知质量高}} = 5.63$，$M_{\text{感知质量低}} = 3.57$，$F(1, 27) = 21.12$，$P = 0.000 < 0.001$。对关系再续意愿而言，乘积项系数也显著：$\beta = 0.347$，$t = 3.469$，$p < 0.01$，调节效应值 $\Delta R^2 = 0.115$；$M_{\text{感知质量高}} = 4.12$，$M_{\text{感知质量低}} = 2.75$；$F(1, 27) = 7.91$，$P = 0.009 < 0.01$。因而假设 6 - 2b、假设 6 - 2c 均得到验证。详细分析结果及具体作用大小分别以表 6 - 8（b）、表 6 - 8（c）和图 6 - 4（b）展示。

表 6 - 8（b）　感知质量在消费者 CSR 修复品牌形象时调节作用回归分析

变量		阶层一		阶层二		阶层三	
		β	t	β	t	β	t
危机后消费者 CSR		0.417	3.944 ***	0.338	3.654 ***	0.420	4.944 ***
感知质量		—		0.476	5.149	0.460	5.622 ***
危机后消费者 CSR × 感知质量		—		—		0.374	4.511 ***
回归模型摘要	F 值	15.555		23.718		26.787	
	R^2	0.174		0.394		0.527	
	ΔF 值	15.555 ***		26.517 ***		20.351 ***	
	ΔR^2	0.174 ***		0.220 ***		0.134 ***	

注：因变量：品牌形象。*表示 $p < 0.05$，**表示 $p < 0.01$，*** 表示 $p < 0.001$。

表 6 - 8（c）　　　　感知质量在消费者 CSR 重建关系再续意愿时调节作用回归分析

变量		阶层一		阶层二		阶层三	
		β	t	β	t	β	t
危机后消费者 CSR		0.196	1.716	0.128	1.207	0.205	2.019*
感知质量		—		0.406	3.817***	0.393	3.964***
危机后消费者 CSR × 感知质量		—		—		0.347	3.469**
回归模型摘要	F 值	2.946		9.026		10.939	
	R²	0.038		0.198		0.313	
	ΔF 值	2.946		14.566		12.035	
	ΔR²	0.038		0.160		0.115**	

注：因变量：关系再续意愿。* 表示 $p < 0.05$，** 表示 $p < 0.01$，*** 表示 $p < 0.001$。

　　图 6 - 4（b）、图 6 - 4（c）反映出，一方面，产品质量感知高时，消费者 CSR 正向作用于品牌形象（关系再续意愿），因为斜率为正；而感知质量较低时，斜率为负，说明消费者 CSR 负向作用于品牌形象（关系再续意愿）。另一方面，消费者 CSR 水平较高时，高质量感知的消费者对品牌形象评价（关系再续意愿）更高，低质量感知的消费者对品牌形象评价更低（关系再续意愿），即感知质量正向调节消费者 CSR 对品牌形象和关系再续意愿的修复作用。

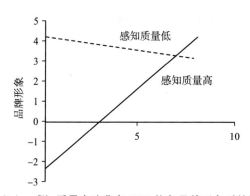

图 6 - 4（b）　感知质量在消费者 CSR 修复品牌形象时的调节作用

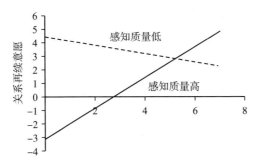

图 6 – 4（c）　感知质量在消费者 CSR 重建关系再续意愿时的调节作用

（3）员工 CSR 时感知质量的调节作用检验。

员工 CSR 行为修复品牌时感知质量的调节作用分析，首先做简单回归。数据结果为：危机后员工 CSR 对消费者宽恕正向作用显著（β = 0.26，t = 2.19，p = 0.032 < 0.05），对品牌形象正向作用显著（β = 0.57，t = 5.58，p = 0.000 < 0.01），对关系再续意愿正向作用显著（β = 0.26，t = 2.19，p = 0.032 < 0.05）。

对员工组数据进行中心化处理后构造的乘积项采用阶层回归后结果为：对结果变量之一的"消费者宽恕"而言，β = - 0.043，t = - 0.405，P = 0.687 > 0.05；对"品牌形象"而言，β = - 0.066，t = - 0.7，P = 0.487 > 0.05；对"关系再续意愿"而言，β = - 0.208，t = - 2.075，P = 0.042 < 0.05，调节效应值 ΔR^2 = 0.04，这说明只有员工 CSR 作用于"关系再续意愿"时，感知质量的调节作用显著存在（详细阶层回归数据见表 6 – 9），而对消费者宽恕与品牌形象而言，感知质量的调节作用并不显著。

表 6 – 9　　感知质量在员工 CSR 重建关系再续意愿时调节作用回归分析

变量	阶层一		阶层二		阶层三	
	β	t	β	t	β	t
危机后员工 CSR 行为	0.26	2.12 *	0.1	0.93	0.09	0.90
感知质量	—		0.54	5.05 ***	0.53	5.04 ***
危机后员工 CSR 行为 × 感知质量	—		—		- 0.21	- 2.08 *

续表

变量		阶层一		阶层二		阶层三	
		β	t	β	t	β	t
回归模型摘要	F 值	4.78		16.06		12.70	
	R²	0.07		0.34		0.38	
	ΔF 值	4.79		25.05		4.31	
	ΔR²	0.07 *		0.27 ***		0.04 *	

注：因变量：关系再续意愿。* 表示 p < 0.05，** 表示 p < 0.01，*** 表示 p < 0.001。

接下来对感知质量高低分组的数据进行方差分析以检验调节作用的方向（经分析，方差同质性假定成立），数据结果为：针对消费者宽恕，$M_{感知质量高}$ = 5.47，$M_{感知质量低}$ = 4.43，$F(1, 64)$ = 17.03，P = 0.000 < 0.001；针对品牌形象，$M_{感知质量高}$ = 5.5，$M_{感知质量低}$ = 4.16，$F(1, 64)$ = 23.47，P = 0.000 < 0.001；针对关系再续意愿，$M_{感知质量高}$ = 4.9，$M_{感知质量低}$ = 3.47，$F(1, 64)$ = 25.56，P = 0.000 < 0.001。至此，说明当企业在危机之后实施的 CSR 与员工利益相关时，其对危机品牌的修复作用衡量的三个指标中（消费者宽恕、品牌形象、关系再续意愿），只有在衡量"关系再续意愿"指标时感知质量才发挥调节作用，且是正向的调节作用，即感知质量越高，员工 CSR 对"关系再续意愿"的积极作用越好。假设 6 - 3c 得到验证，但假设 6 - 3a、假设 6 - 3b 没有得到验证。

对"感知质量"在员工 CSR 作用于关系再续意愿时的具体调节作用的形象展示，通过对高低分组数据简单斜率检验法实现，结果如图 6 - 5 所示。由图 6 - 5 可看出，感知质量越高，员工 CSR 对关系再续意愿作用越好。

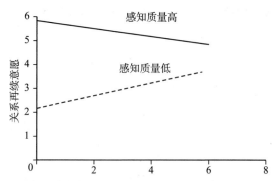

图 6 - 5　感知质量在员工 CSR 重建关系再续意愿时的调节作用

（4）社区 CSR 时感知质量的调节作用检验。

首先对社会 CSR 组数据做简单回归分析，回归条件均满足。危机后社区公益 CSR 对消费者宽恕正向作用显著（β = 0.65，t = 5.24，p = 0.000 < 0.001），对品牌形象正向作用显著（β = 0.72，t = 6.39，p = 0.000 < 0.01），对关系再续意愿正向作用显著（β = 0.47，t = 3.25，p = 0.002 < 0.01）。可见社区公益 CSR 对品牌形象等有显著修复作用。

接着对社区公益 CSR 组数据和感知质量进行中心化处理后构造乘积项，而后分别对消费者宽恕、品牌形象以及关系再续意愿通过阶层回归后发现，除了关系再续意愿，感知质量对其余结果变量的调节作用均显著，具体结果见表 6 - 10（a）、表 6 - 10（b）。

表 6 - 10（a）　　感知质量在社区 CSR 获得消费者宽恕时调节作用回归分析

变量		阶层一		阶层二		阶层三	
		β	t	β	t	β	t
危机后社区 CSR 行为		0.652	5.237 ***	0.478	3.168 **	0.142	0.764
感知质量		—		0.290	1.923	0.648	3.397 **
危机后社区公益 CSR × 感知质量		—		—		-0.433	-2.736 *
回归模型摘要	F 值	27.423		16.562		15.527	
	R²	0.426		0.479		0.571	
	ΔF 值	27.423		3.7		7.488	
	ΔR²	0.426 ***		0.054		0.092 *	

注：因变量：消费者宽恕。* 表示 p < 0.05，** 表示 p < 0.01，*** 表示 p < 0.001。

表 6 - 10（b）　　感知质量在社区 CSR 修复品牌形象时调节作用回归分析

变量		阶层一		阶层二		阶层三	
		β	t	β	t	β	t
危机后社区 CSR 行为		0.724	6.389 ***	0.584	4.21 ***	0.313	1.797
感知质量		—		0.232	1.674	0.521	2.898 **
危机后社区 CSR × 感知质量		—		—		-0.350	-2.341 *
回归模型摘要	F 值	40.814		22.802		18.922	
	R²	0.525		0.559		0.619	
	ΔF 值	40.814		2.802		5.482	
	ΔR²	0.525		0.034		0.06 *	

注：因变量：品牌形象。* 表示 p < 0.05，** 表示 p < 0.01，*** 表示 p < 0.001。

　　感知质量和社区责任的交互项对消费者宽恕作用显著，且感知质量越高，社区责任对消费者宽恕的正向作用越好［$M_{感知质量高}=5.10$，$M_{感知质量低}=4.10$，$F(1,38)=20.78$，$P=0.000<0.001$］。由表6-10（a）可知，社区公益 CSR 和感知质量的乘积项回归系数显著（$\beta=-0.433$，$t=-2.74$，$p=0.01<0.05$），调节效应值 $\Delta R^2=0.092$。具体调节作用表现通过简单斜率检验法实现。将感知质量的均值加减一个标准差（$\sigma=1.7746$）对其进行高低分组，运用方差分析得知，$M_{感知质量高}=5.72$，$M_{感知质量低}=4.01$，$F(1,38)=24.174$，$P=0.000<0.001$。接下来分别对高低组进行回归后的简单斜率检验，结果见图6-6（a）。至此，假设6-4a 得到验证。

　　同理，对品牌形象分析的详细数据见表6-10（b）。对品牌形象而言，乘积项回归系数显著（$\beta=-0.35$，$t=-2.34$，$p=0.025<0.05$），调节效应值 $\Delta R^2=0.06$，且感知质量越高，社区公益责任对品牌形象的正向作用越好［$M_{感知质量高}=5.61$，$M_{感知质量低}=3.68$，$F(1,38)=26.53$，$P=0.000<0.001$］。

　　接下来分别对高低组进行回归后的简单斜率检验，所得具体调节作用大小见图6-6（a）、图6-6（b），图表明感知质量正向调节危机后社区 CSR 和消费者宽恕以及品牌形象之间的关系，感知质量越高，社区 CSR 对消费者宽恕和品牌形象的正向作用越好。因此假设6-4a、假设6-4b 得到验证，但是，社区公益责任作用于关系再续意愿时，感知质量调节作用不存在，乘积项回归系数不显著（$\beta=-0.038$，$t=-0.21$，$p=0.835>0.05$），假设6-4c 没有验证，即感知质量在社区责任对"关系再续意愿"的正向作用中并没有起到调节作用。

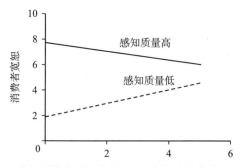

图6-6（a）　感知质量在社区公益 CSR 获得消费者宽恕时的调节作用

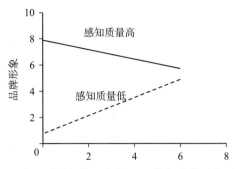

图 6 - 6（b）　感知质量在社区公益 CSR 修复品牌形象时的调节作用

（5）组合式 CSR 时感知质量的调节作用检验。

当危机发生后企业实施的 CSR 行为不仅仅只针对一类利益相关者，而是同时兼顾了多方利益相关者。实施组合式 CSR 策略欲对危机品牌进行积极干预时，感知质量是否也充当了正向调节作用，通过与上述相同分析方法得到如下结果。

首先，进行简单回归分析：危机后组合式 CSR 对消费者宽恕正向作用显著（β = 0.48，t = 4.87，p = 0.000 < 0.001），对品牌形象正向作用显著（β = 0.54，t = 5.66，p = 0.000 < 0.01），对关系再续意愿正向作用显著（β = 0.52，t = 5.38，p = 0.000 < 0.01）。可见组合式 CSR 对品牌形象等有显著修复作用，对中介变量（情感认同）有显著正向作用。组合式 CSR 和感知质量的乘积项的回归系数只有在考量"消费者宽恕"时才显著：β = -0.212，t = -2.19，p = 0.032 < 0.05，此时调节效应值 ΔR² = 0.042。而在研究"情感认同"（β = -0.07，t = -0.82，p = 0.416 > 0.05）、"品牌形象"（β = -0.03，t = -0.29，p = 0.77 > 0.05）和"关系再续意愿"（β = -0.16，t = -1.73，p = 0.087 > 0.05）时，感知质量和组合式 CSR 的乘积项回归系数均不显著。也就是说，感知质量的调节作用只有在组合式 CSR 作用于消费者宽恕时才显著存在。阶层回归分析结果和具体调节作用模式分别见表 6 - 11 和图 6 - 7。

表 6 - 11　　感知质量在组合 CSR 获得消费者宽恕时调节作用回归分析

变量	阶层一		阶层二		阶层三	
	β	t	β	t	β	t
危机后组合式 CSR	0.451	4.885 ***	0.398	3.918 ***	0.357	3.539 **
感知质量	—		0.248	2.445 *	0.305	2.976 **

续表

变量		阶层一		阶层二		阶层三	
		β	t	β	t	β	t
组合式 CSR × 感知质量		—		—		− 0. 212	− 2. 188 *
回归模型摘要	F 值	23. 865		15. 673		12. 551	
	R^2	0. 232		0. 287		0. 328	
	ΔF 值	23. 865		5. 977		4. 786	
	ΔR^2	0. 232 ***		0. 055 *		0. 042 *	

注：因变量：消费者宽恕。* 表示 p < 0. 05，** 表示 p < 0. 01，*** 表示 p < 0. 001。

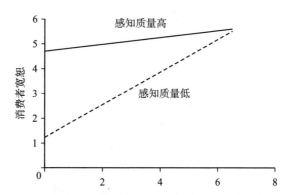

图 6 - 7 感知质量在组合式责任作获得消费者宽恕时的调节作用

其次，对感知质量高低不同的两组数据进行方差分析，以检验调节效应方向及结果变量均值的显著性差异。在未违反方差同质性条件下，方差分析显示：对情感认同而言，$M_{感知质量高}$ = 5. 49，$M_{感知质量低}$ = 4. 50，$F(1, 41)$ = 8. 61，P = 0. 006 < 0. 01。可见，感知质量越高，组合式 CSR 对情感认同的正向作用越好。再结合对自变量和调节变量乘积项的层级回归分析结果，可知假设 6 - 5a 部分验证。对消费者宽恕而言，$M_{感知质量高}$ = 5. 48，$M_{感知质量低}$ = 4. 46，$F(1, 41)$ = 8. 80，P = 0. 005 < 0. 01，并层级回归分析结果可知，假设 6 - 5b 成立。对品牌形象而言，$M_{感知质量高}$ = 5. 59，$M_{感知质量低}$ = 4. 66，$F(1, 41)$ = 6. 15，P = 0. 018 < 0. 05，可见，此时感知质量越高，组合式 CSR 对品牌形象的正向作用越好，但结合层级回归结果，感知质量的调节效应不显著，因此假设 6 - 5c 部分成立。对于关系再续意愿而言，$M_{感知质量高}$ = 4. 93，$M_{感知质量低}$ = 3. 52，$F(1, 41)$ = 18. 99，P = 0. 000 < 0. 001，而层级回归结果的乘积项系数不显著，说明此时感知质量的调节作用不显著，因此假设 6 - 5d

得到部分验证。

具体调节作用模式显示，感知质量高时组合式 CSR 对消费者宽恕意愿更高。

6.3.4　结论与讨论

实验一运用实验法，针对食品行业饮用水品类在生产加工阶段发生性能型品牌危机之后，企业 3 个月后针对直接利益相关者（消费者、社会公众）、关键利益相关者（员工），以及兼顾多方利益相关者诉求开展的"多挖井"式社会责任行为（张杨，纪成莲，汪旭晖，2014），研究了五类 CSR 选择策略在修复品牌形象的过程中，消费者"感知质量"变量所发挥的不同调节效应。研究发现如下。

1. 假设验证情况

通过实验法探究了感知质量对五类主要 CSR 修复品牌时所起的不同程度的调节作用，运用阶层回归法与简单斜率检验法分别对假设一一进行检验，假设验证情况见表 6 - 12。

表 6 - 12　　　　　　　　　假设与验证结果对照

假设	是否得到验证
假设 6 - 1：消费者对产品质量感知越高，危机后环境 CSR 对消费者宽恕（假设 6 - 1a）、品牌形象（假设 6 - 1b）和关系再续意愿（假设 6 - 1c）的正向作用效果越好，即感知质量在环境 CSR 对品牌修复作用中发挥正向调节作用	假设 6 - 1a 得到验证；假设 6 - 1b、假设 6 - 1c 调节作用没有得到验证
假设 6 - 2：消费者对产品质量感知越高，危机后消费者 CSR 对消费者宽恕（假设 6 - 2a）、品牌形象（假设 6 - 2b）和关系再续意愿（假设 6 - 2c）的正向作用效果越好，即感知质量在消费者 CSR 对品牌修复作用中发挥正向调节作用	全部得到验证
假设 6 - 3：消费者对产品质量感知越高，危机后员工 CSR 对消费者宽恕（假设 6 - 3a）、品牌形象（假设 6 - 3b）和关系再续意愿（假设 6 - 3c）的正向作用效果越好，即感知质量在员工 CSR 对品牌修复作用中发挥正向调节作用	假设 6 - 3c 得到验证；假设 6 - 3a、假设 6 - 3b 调节作用没有得到验证

2. 结论与分析

根据假设验证情况研究得出五点结论。

（1）消费者对产品质量主观判断的"感知质量"正向调节危机后企业

针对环境主题的"环境CSR"获得的"消费者宽恕"，即质量感知越高，环境CSR行为能够获得更高的"消费者宽恕"；但是，"质量感知"并不影响环境CSR对"品牌形象"和"关系再续意愿"的修复作用。此结论可以解释如下。

首先，企业作为环境资源最主要的利用者和环境问题最大的制造者，拥有其他主体不具有的技术和能力，应对环境风险更具优势，公众迫切期望企业承担环境社会责任，强烈要求企业参与环境治理。因此，危机后品牌方积极主动履行环境责任，的确能获得消费者对品牌和企业的宽恕。但是环境责任不能替代产品有缺陷的客观事实，如果企业不能提高经营管理水平，不能提升产品品质，不能给消费者呈现产品品质得以改进、更为健康营养的食品产品信息，那么消费者会降低因环境责任而产生的对品牌宽恕的愿望。相反，如果企业既能释放出主动改善、治理环境的"做好事"行为信息，又能有错即改，首先提升产品品质，那么，依据线索诊断理论，在"做好事"与"产品品质提高了"的双重信息刺激下，消费者会给予品牌更高的宽恕意愿。

其次，对"品牌形象"和"关系再续意愿"结果变量而言，正面或者负面的产品质量信息既不会提高也不会降低危机后的环境CSR对其的积极作用。消费者因为企业在危机之后积极践行环境责任而产生对品牌的"情感认同"，这是出于对品牌方企业公民角色的认可，这种情怀不因企业所提供的产品质量优劣而有所差异，亦即感知质量的调节作用不显著。消费者对品牌形象的重新评判，关键缘于企业参与环境CSR获得的认可和对品牌名声的赞誉，这两方面与产品质量没有直接关联，因此不受质量感知的影响。

（2）质量感知正向调节消费者CSR对"消费者宽恕""品牌形象""关系再续意愿"的积极作用。这说明消费者对企业在危机后实施的与自身利益相关的CSR行为所带来的积极响应程度，都会和产品质量联系在一起，消费者认为企业道德的行为不能代替产品质量，有伦理责任感的行为也不能抵消低产品质量对消费者的影响（Folkes，Kamins，1999）。因此企业开展的CSR行为活动如果同时能够给消费者提供产品品质保证的信息，那么此类CSR活动将会带来更高的修复效果。

（3）危机后企业实施的CSR与员工利益有关时，其对"消费者宽恕""品牌形象"的修复作用并不受产品"质量感知"的调节；但其重建"关系再续意愿"时，"感知质量"发挥了正向调节作用，即质量感知越高，员工CSR能够获得更高的"关系再续意愿"。正如邓新明，田志龙等

（2012）提出的，企业有钱应该首先改善一下员工的待遇，而不是"作秀"式的"假"慈善。危机后，如果企业在整顿的同时，能够与员工分享利润成果，愿意投资于员工能力提升与发展，则会激发员工的凝聚力，增强员工对企业的忠诚，构建温情的企业文化，并获得有竞争力的人才，从而使消费者相信企业能够生产优质有价值的产品，因而倾向于与对这样的企业再续前缘。

针对消费者宽恕和品牌形象，员工 CSR 行为对其的修复程度并不受消费者对产品质量感知优劣的影响。这也许可以理解为：消费者宽恕心理以及对品牌形象的正向评价主要源于对企业与员工分享价值行为的支持和认同，相信一个能够与员工共享价值的企业就应该被宽恕和尊敬，而这样的情怀与产品质量信息并无关联。因此，危机后的企业社会责任，即使短期内受技术、资源、能力等客观因素的制约而无法有效提升产品质量，也要在自己能够控制的范围内，积极开展内部营销，与员工分享价值和利润，从而在企业内部形成营销观念的一致性，提升上下齐心应对危机的能力，有利于在外部获得消费者的积极评价。

（4）危机后企业积极投身于社区公益事业，在取得"消费者宽恕"并修复"品牌形象"作用过程中，受"感知质量"的正向调节，亦即质量感知越高，社区公益 CSR 能够获得更多更高水平的消费者宽恕和品牌形象；但是，"社区公益 CSR"重建"关系再续意愿"时，并不受"感知质量"的影响。

性能型品牌危机缘于事实上的产品缺陷，虽则企业在危机发生之后向消费者之外的不确定的社会公众行善之举与产品质量没有直接关联，但这在消费者看来是企业有实力的体现，也是企业具备向消费者提供更高价值产品能力的折射。因此，如果消费者接触到产品质量已经改善的信息线索，就会对企业这种反应性公益行为产生良好的知觉反应，给予更高水平的情感认同、宽恕意愿和形象评价。如果消费者对产品质量评价较低，那么企业无论多么卖力行善，终究抵不过感知产品性能缺陷而带来的负面影响。这也印证了学者们的观点：感知质量正向调节危机后慈善捐助活动契合度对品牌形象的修复作用（余伟萍等，2014）；企业社会责任（作者选取了慈善和赞助）并不总是能起到抵消公司负面事件并提升企业形象的作用，与企业能力有关的产品质量和 CSR 不是总可以相互弥补，较差质量的产品不能用企业社会责任的良好表现弥补，但是企业社会责任较差的表现可以由优质产品加以弥补（Berens, et. al., 2007），即保证产品质量应该是企业第一要务。

对关系再续意愿而言，不管消费者感知到的产品质量如何，社区公益 CSR 行为都能获得较危机发生时更高的关系再续意愿。这可以解释为：首先，在消费者看来一个积极行善、热心公益而回归公民角色的企业，应当给予支持；其次，当下企业公益积极性大大降低，而政府并不能也不能及时解决所有的社会问题，当企业处于自身难保的危急时刻，还能极力满足公众对其慈善捐助的期望，此时，消费者往往不在乎产品缺陷是否已纠正。最后，同样可能是由于本研究的实验刺激材料部分包含产品质量已经提高的刺激信息。

（5）危机后企业实施的 CSR 既与环境保护主题有关，也与社会公益事业有关，更考虑了消费者利益诉求，这种"组合式 CSR"内容在取得"消费者宽恕"的作用过程中，产品"质量感知"起正向调节作用；但是在其修复"品牌形象""关系再续意愿"作用过程中，"感知质量"的调节机制不存在。

此结论可以做此解释：一方面，组合式的 CSR 是针对三类利益相关者的利益诉求：消费者、环境（每一位社会公众）、社会公众（不确定的社会公众），而本研究选取的被试是学生，他们集三种身份于一身，本部分研究结论（1）、结论（2）、结论（4）得出分别针对这三种利益相关者的 CSR 在获得"消费者宽恕"时"感知质量"均发挥了正向调节作用，因此组合式的 CSR 选择方案获得"消费者宽恕"时感知质量调节机制存在是必然。具体讨论和上述相应结论部分类似。另一方面，组合式 CSR 选择方案同时兼顾了三方利益，在危机后努力补偿消费者的同时又尽力参与解决社会问题，既显示了企业将功赎过的诚意，也体现了企业对核心利益相关方的同等重视，因此消费者认为精细判断产品质量已不足挂齿，而应该对品牌产品从精神上、情感上给予认同，积极评判品牌形象，努力重建消费契约关系。

6.4 实验二：验证危机范围的调节作用

6.4.1 研究设计与实施

1. 刺激物设计

研究采用实验法，设计成 5×2（"5"指五类利益相关者的 CSR：环境责任、消费者责任、员工责任、社区公益责任、组合式 CSR；"2"指危机范围：群发性、单发性）的组间实验，并设置两个对照组（群发性或单发性危机信息及因变量评价、无 CSR 信息刺激）。由于本次试验的危机信息有变动（增加了不同范围的危机信息），因此增加控制组将再次验证主效应。实验刺激物品类依然为饮料行业的瓶装水。

单发性品牌危机事件刺激材料采用本章实验一所用过的，群发性品牌危机事件资料来源于新浪财经转载的《中国新闻周刊网》报道《无法公开的饮用水标准：19 个品牌 12 个标准》；① 群发性品牌危机的数量确定标准依据涂铭等（2013）提出的，为 11 个品牌。为了避免引起纠纷且规避真实品牌消费知识对实验过程的干预，危机事件涉及的品牌名称用虚拟"A 品牌"表述替代。对危机事件呈现时将关键信息加黑，以引起被试更多关注。危机事件表述如下。

群发性危机：国内市场某知名饮料品牌 A 您非常喜爱也经常购买消费。根据《中国质量报》消息，近期对全国各大省会城市商场超市的"天然水""山泉水""矿物质水"等名称饮料抽检调查报告显示，11 个品牌饮料检查出病菌、微生物、镉元素，且质量指标数量少于自来水标准规定的数量。A 品牌也在问题品牌之中。进一步调查得知，我国有 4 个国标包装水标准，各企业参照不同标准执行。直至目前，我国瓶装水统一标准仍未出台，但涉事企业均表示以后将按照国标中最严标准实行。

上述两类信息在试验调查问卷中由 4 部分组成。第一部分是背景知识，包括 CSR 和品牌危机范围概念。第二部分是正式问卷内容，包括危机事件材料及范围测量题项，接下来是五类不同内容的 CSR 行为刺激信息（控制组无此信息）和测量各个变量的题项（依次为 CSR 评价、消费者宽恕、品牌形象和关系再续意愿）。第三部分是人口统计信息。所有题项均采用七级 Likert 量表，材料呈现顺序与前面所有章节的相似。

对品牌危机范围的测量采用涂铭、景奉杰、汪兴东（2013）使用过的量表，选择两个题项："此次危机事件涉及多个企业""多个企业在饮料中添加了×××"，对于群发性危机情境，有效量表均值应该较高，相反，对于单发性危机情境，得分应该较低。

2. 实验过程

首先进行预测试。为了检验危机范围（群发性/单发性）刺激材料设计的有效性，邀请 30 名本科生（每组 15 人）阅读实验背景材料（A 品牌和企业介绍，群发属性概念知识）以及单发性与群发性危机报道。随后回答如下问题："材料中 A 品牌产品的声誉（由低到高，分值为 1～7）""你认为该危机属于群发性/单发性"。t 检验结果表明，单发性被试组对危机

---

① http：//finance. sina. com. cn/chanjing/cyxw/20130514/113815456344. shtml：无法公开的饮用水标准：19 个品牌 12 个标准。

范围评价显著低于群发性组（$M_{单发性} = 4.35$，$M_{群发性} = 5.88$，$t = 4.34$，$p < 0.001$）。因此证明了实验设计能够成功地区分危机的单发或群发性。

操控成功后启动正式实验过程。邀请重庆、成都、焦作三个大学的管理类和非管理类部分二年级与三年级学生参与，且保证三地样本在每组中各占三分之一，实验问卷在大学课堂发放。邀请被试随机进入某一个情景，实验员告诉所有被试，这是一个有关品牌管理的课题研究问卷调查，然后发放问卷并提示按照问卷内容前后次序作答，学生答完后随即回收。调查结束后告诉学生 A 品牌是虚构的，请不要和现实市场的真实品牌对号入座。

6.4.2 数据分析

1. 样本特征

本次共发放问卷 480 份（每组 40 个，共 12 组），回收 435 份，剔除人口信息和答题缺省较多以及明显不认真填答的问卷后，得到 331 份有效问卷，其中重庆地区样本 101 份，焦作地区样本 110 份，成都地区样本 120。样本中男女比例为 41.4% 与 58.6%，方差分析显示，性别对消费者宽恕、品牌形象、关系再续意愿评价没有显著性差异，以危机群发性消费者 CSR 组数据为例，针对消费者宽恕，$F = 2.84$，$p = 0.145 > 0.05$；针对品牌形象 $F = 2.75$，$p = 0.113 > 0.05$；针对关系再续意愿 $F = 3.27$，$p = 0.086 > 0.05$。

2. 操控检验

为了确保实验操控的有效性，需要对危机范围和控制变量"品牌声誉"进行检验。独立样本 t 检验结果表明，群发性危机控制组的危机范围得分显著高于单发性控制组的得分（$M_{群发性} = 5.34$，$M_{单发性} = 4.75$，$t = 2.02$，$p = 0.047 < 0.05$）。两类危机事件对应的十个实验组两两之间（如群发性危机后的环境 CSR 组与单发性危机后的环境 CSR 组之间，群发性危机后的消费者 CSR 与单发性危机后的消费者 CSR 之间等，共五对）进行独立样本 t 检验。结果表明，组间对危机范围判断有显著性差异，以环境 CSR 对应的两个实验组为例，t 检验结果为：$M_{群发性—环境CSR} = 5.56$，$M_{单发性—环境CSR} = 4.35$，$t = 3.27$，$p = 0.002 < 0.01$。可见危机范围判断的组间异质性条件满足。

接下来，检验组内对危机范围的判断是否满足同质性要求，对群发性危机的数据进行方差分析。结果表明，组内对群发属性评价不存在显著性差异，总体均值为 5.53，$F = 1.037$，$P = 0.211$。对单发性危机的数据进行方差分析，结果表明，组内对群发属性评价不存在显著性差异：总体均值为4.33，F=0.708，P=0.701。由此知组内同质性被成功操控。

对品牌声誉而言，十二个组间对其评价无显著性差异，总体均值为5.48，F=0.787，P=0.709，由此知各组对品牌声誉评价同质。至此，实验操控成功，为后续假设分析提供前提。另外，危机范围的 Cronbach's α 值为0.815，符合最低值要求。

3. 描述性与相关分析

将十个实验组数据合并进行描述性统计和相关分析，结果见表6-13。如调节变量"危机范围"和自变量 CSR 不相关（r=0.03，p>0.05）；CSR 与消费者宽恕正相关（r=0.23，p<0.01），与品牌形象正相关（r=0.47，p<0.01），与关系再续意愿正相关（r=0.38，p<0.01）。变量间的相关关系为后续进一步的模型与假设检验提供基础。

表6-13　　　　　　　　　　描述性统计量和相关分析

变量	均值	标准差	品牌声誉	危机范围	CSR	消费者宽恕	品牌形象
品牌声誉	5.4685	1.25741	1				
危机范围	4.9550	1.38606	0.087				
CSR	5.1014	1.11603	0.279**	0.030			
消费者宽恕	4.7154	1.38750	0.045	-0.063	0.226**		
品牌形象	4.5573	1.06221	0.221**	0.053	0.473**	0.552**	
关系再续意愿	4.4639	1.23999	0.131*	0.046	0.378**	0.465**	0.628**

资料来源：SPSS 统计输出。

4. 再次验证主效应

在对危机属性的调节效应验证前，还需要再验证主效应。由于单发性危机材料与研究感知质量调节效应时的相同，而群发性危机刺激材料是新出现的，因此，需要对群发性危机组的数据进行主效应（通过独立样本 T 检验实现）检验。

群发性危机时主效应 T 检验结果见表6-14。

表6－14　　　　　　群发性品牌危机情境下消费者宽恕独立样本 T 检验结果

因变量	分组	假设	方差齐次检验		均值方差的 T 检验		
			F	Sig	T	df	Sig
消费者宽恕	环境责任组（32，4.55）Vs.群发控制组（39，3.70）	假设方差相等	0.540	0.465	3.469	69	0.001
		假设方差不相等	—	—	3.423	62.179	0.001
	消费者责任（33，4.76）Vs.群发控制组（39，3.70）	假设方差相等	0.549	0.461	4.118	70	0.000
		假设方差不相等	—	—	4.043	61.036	0.000
	员工责任（39，4.56）Vs.群发控制组（39，3.70）	假设方差相等	0.341	0.561	3.812	76	0.000
		假设方差不相等	—	—	3.812	75.699	0.000
	社区责任组（40，4.66）Vs.群发控制组（39，3.70）	假设方差相等	0.009	0.923	4.449	77	0.000
		假设方差不相等	—	—	4.449	76.868	0.000
	组合式 CSR 组（36，4.96）Vs.群发控制组（39，3.70）	假设方差相等	0.009	0.923	5.643	73	0.000
		假设方差不相等	—	—	5.645	72.629	0.000
品牌形象	环境责任组（32，4.45）Vs.群发控制组（39，3.47）	假设方差相等	0.002	0.966	3.719	69	0.000
		假设方差不相等	—	—	3.746	67.885	0.000
	消费者责任组（33，4.68）Vs.群发控制组（39，3.47）	假设方差相等	0.003	0.956	4.364	76	0.000
		假设方差不相等	—	—	4.364	73.248	0.000
	员工责任组（39，4.55）Vs.群发控制组（39，3.47）	假设方差相等	0.768	0.383	4.364	76	0.000
		假设方差不相等	—	—	4.364	73.248	0.000
	社区责任组（40，4.39）Vs.群发控制组（39，3.47）	假设方差相等	0.749	0.390	3.699	77	0.000
		假设方差不相等	—	—	3.690	73.769	0.000
	组合式 CSR 组（36，4.78）Vs.群发控制组（39，3.47）	假设方差相等	0.931	0.338	5.259	73	0.000
		假设方差不相等	—	—	5.311	71.070	0.000
关系再续意愿	环境责任组（32，4.45）Vs.群发控制组（39，3.62）	假设方差相等	0.210	0.648	2.740	69	0.008
		假设方差不相等	—	—	2.748	67.025	0.008
	消费者责任组（33，4.82）Vs.群发控制组（39，3.62）	假设方差相等	0.725	0.397	3.730	70	0.000
		假设方差不相等	—	—	3.698	65.279	0.000
	员工责任组（45，4.21）Vs.群发控制组（39，3.62）	假设方差相等	1.577	0.213	2.163	76	0.034
		假设方差不相等	—	—	2.163	74.026	0.034
	社区责任组（45，4.65）Vs.群发控制组（39，3.62）	假设方差相等	0.011	0.918	2.593	77	0.011
		假设方差不相等	—	—	2.594	76.991	0.011
	组合式 CSR 组（36，4.35）Vs.群发控制组（39，3.62）	假设方差相等	0.557	0.458	2.603	73	0.011
		假设方差不相等	—	—	2.619	72.678	0.011

注：括号内前者为样本量，后者为均值。

资料来源：SPSS 统计输出。

从表 6 - 14 可看出，在群发性品牌危机情境下，环境责任、消费者责任、员工责任、社区公益责任和组合式 CSR 五个实验组与控制组在消费者宽恕上的均值都存在显著性差异（$t_1 = 3.47$，$t_2 = 4.12$，$t_3 = 3.81$，$t_4 = 4.45$，$t_5 = 5.64$，P 的 $M_{消费者} = 4.76$，$M_{员工} = 4.56$，$M_{社区公益} = 4.66$，$M_{组合} = 4.96$，$M_{控制组} = 3.70$）。这说明在群发性品牌危机情境下，企业实施针对不同主要利益相关者的 CSR 行为都能有效赢得消费者对危机品牌的宽恕；五个实验组在品牌形象上的均值分别与控制组之间存在显著性差异（$M_{环境} = 4.45$，$M_{消费者} = 4.68$，$M_{员工} = 4.55$，$M_{社区公益} = 4.39$，$M_{组合} = 4.78$，$M_{控制组} = 3.47$，P 的值均为 $0.000 < 0.001$）。同理，五个实验组在关系再续意愿上的均值分别与控制组之间存在显著性差异（$M_{环境} = 4.45$，$M_{消费者} = 4.82$，$M_{员工} = 4.21$，$M_{社区公益} = 4.65$，$M_{组合} = 4.35$，$M_{控制组} = 3.62$，P 的值最大值为 0.034，小于 0.05）。

由此，再一次证明了即便在群发性危机情境下，企业针对五类主要利益相关者的 CSR 行为仍然能有效修复品牌形象。

5. 假设检验

本章对危机范围调节作用的假设检验运用检验"感知质量"调节效应时的相同方法，唯一不同的是，不再对调节变量组根据均值进行高低分组，因为对"单发"与"群发"危机的研究是通过对刺激材料操控来实现的。

（1）环境 CSR 时危机范围的调节作用检验。

合并环境 CSR 所对应的单发性危机与群发性危机实验组数据，并逐步展开分析以检验假设 6 及附属假设。为检验调节效应存在与否以及调节效应值，需要先做简单回归分析。数据结果为：危机后环境 CSR 对消费者宽恕正向作用显著（$\beta = 0.39$，$t = 3.65$，$p = 0.000 < 0.001$），对品牌形象正向作用显著（$\beta = 0.39$，$t = 3.67$，$p = 0.000 < 0.01$），对关系再续意愿正向作用显著（$\beta = 0.27$，$t = 2.36$，$p = 0.021 < 0.05$）。可见环境 CSR 对各结果变量有显著正向影响。然后对自变量环境 CSR 行为和调节变量"危机范围"进行中心化，构造乘积项，分别对结果变量消费者宽恕、品牌形象和关系再续意愿进行层级回归。层级回归数据结果如下：针对消费者宽恕，乘积项回归结果为 $\beta = -0.13$，$t = -1.16$，$p = 0.25 > 0.05$。这说明危机范围并没有调节环境 CSR 对消费者宽恕的正向作用，因而假设 6 - 6a 没有得到验证；但是就品牌形象和关系再续意愿而言，乘积项回归系数显著，数据结果分别见表 6 - 15（a）、表 6 - 15（b）。

表 6 – 15（a）　　　　危机范围在环境 CSR 修复品牌形象时调节作用回归分析

变量		阶层一		阶层二		阶层三	
		β	t	β	t	β	t
危机后环境 CSR 行为		0.39	3.66 ***	0.39	3.64 **	0.45	4.21 ***
危机范围		—		−0.01	−0.05	0.03	0.30
危机后环境 CSR 行为 × 危机范围		—		—		−0.28	−2.60 *
回归模型摘要	F 值	13.41		6.61		7.01	
	R²	0.16		0.16		0.23	
	ΔF 值	13.41		0.00		0.07	
	ΔR²	0.16 ***		0.00		0.07 *	

注：因变量：品牌形象。* 表示 p < 0.05，** 表示 p < 0.01，*** 表示 p < 0.001。
资料来源：SPSS 统计输出。

表 6 – 15（b）　　　危机范围在环境 CSR 作用于关系再续意愿时调节作用回归分析

变量		阶层一		阶层二		阶层三	
		β	t	β	t	β	t
危机后环境 CSR 行为		0.27	2.36 *	0.27	2.34 *	0.32	2.82 **
危机范围		—		−0.09	−0.79	−0.06	−0.50
环境 CSR 行为 × 危机范围		—		—		−0.26	−2.32 *
回归模型摘要	F 值	5.59		3.09		3.98	
	R²	0.07		0.80		0.144	
	ΔF 值	5.59		0.63		5.38	
	ΔR²	0.071 *		0.008		0.065 *	

注：因变量：关系再续意愿。* 表示 p < 0.05，** 表示 p < 0.01。
资料来源：SPSS 统计输出。

　　表 6 – 15（a）、表 6 – 15（b）数据表明，危机范围调节作用在环境 CSR 修复"品牌形象"（β = −0.28，t = −2.60，p = 0.011 < 0.05）和"关系再续意愿"（β = −0.26，t = −2.32，p = 0.023 < 0.05）时显著存在。

　　接下来，将群发与单发组数据分别对"品牌形象"与"关系再续意愿"做自变量的回归，运用简单斜率检验法展示具体调节效果，具体如图 6 – 8（a）、图 6 – 8（b）所示。

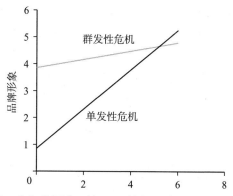

图 6 - 8（a）　危机范围在环境 CSR 修复品牌形象时的调节作用模式

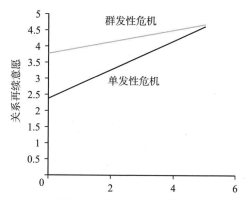

图 6 - 8（b）　危机范围在环境 CSR 重建关系再续意愿时的调节作用模式

　　根据层级回归检验结果和具体的调节作用模式可知，对与"品牌形象"和"关系再续意愿"而言，相较于单发性品牌危机情境，群发性危机时环境 CSR 对其的正向作用更显著，在同等水平的环境 CSR 情境下，群发性危机时其对品牌形象和关系再续意愿的正向作用优于单发性时的效果。因此，假设 6 - 6c 和假设 6 - 6d 得到验证。

　　（2）消费者 CSR 时危机范围的调节作用检验。

　　为检验假设 6 - 7 及其各附属假设，将单发性与群发性危机时的消费者 CSR 两组实验组数据合并，并逐步展开分析。检验调节效应存在与否以及调节效应值，需要首先做简单回归分析，数据结果为：危机后消费者 CSR 对消费者宽恕正向作用显著（$\beta = 0.29$，$t = 2.10$，$p = 0.042 < 0.05$），对品牌形象正向作用显著（$\beta = 0.58$，$t = 4.94$，$p = 0.000 < 0.01$），对关系再续意愿正向作用显著（$\beta = 0.48$，$t = 3.77$，$p = 0.000 < 0.001$）。可见消费者 CSR 对各结果变量有显著正向影响。

然后对自变量"消费者 CSR"和调节变量"危机范围"使用 Z 分数进行标准化，构造出二者的乘积项。分别对结果变量（消费者宽恕、品牌形象和关系再续意愿）进行层级回归，如果乘积项回归系数显著，则群发属性调节作用存在。数据检验结果表明，消费者 CSR 对其的正向作用均受到危机范围的调节，可见假设 b-7a 没有被验证。详细层级回归结果见表 6-16（a）、表 6-16（b）、表 6-16（c）：

表 6-16（a）　　危机范围在消费者 CSR 作用于消费者宽恕时调节作用回归分析

变量		阶层一		阶层二		阶层三	
		β	t	β	t	β	t
危机后消费者 CSR 行为		0.29	2.09 *	0.30	2.16 *	0.39	3.00 **
危机范围		—		-0.11	-0.77	-0.15	-1.19
消费者 CSR 行为 × 危机范围		—		—		0.43	3.28 **
回归模型摘要	F 值	4.38		2.47		5.57	
	R^2	0.08		0.10		0.27	
	ΔF 值	4.38		0.60		10.75	
	ΔR^2	0.08		0.01		0.17	

注：因变量：消费者宽恕。* 表示 $p < 0.05$，** 表示 $p < 0.01$，*** 表示 $p < 0.001$。
资料来源：SPSS 统计输出。

表 6-16（a）数据表明，危机范围的调节作用在消费者 CSR 修复"消费者宽恕"（$β = 0.43$，$t = 3.28$，$p = 0.002 < 0.01$）时显著存在，具体调节效应值 $\Delta R^2 = 0.17$。而后对单发性和群发性的消费者 CSR 的两个实验组分别做消费者宽恕对自变量的回归，用简单斜率法划出具体的调节作用模式图，见图 6-9（a）。至此可见，假设 6-7b 得到部分验证，即群发属性在消费者 CSR 对消费者宽恕的修复作用中发挥调节作用，但是并不是群发危机下的修复效果一直优于单发性时的修复效果，反而在 CSR 较低时单发性危机时的效果优于群发性的效果，当消费者 CSR 达到较高水平时才是群发性效果优于单发性时的效果。这由图 6-9（a）清晰地反映出来。

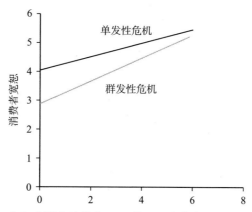

图 6 - 9（a）　危机范围在消费者 CSR 作用于消费者宽恕时的调节作用模式

相同地，对阶层回归结果证明，消费者 CSR 行为在对"品牌形象"进行修复时危机范围也发挥了调节作用（β = 0.28，t = 2.46，p = 0.018 < 0.05），具体调节效应值 $\Delta R^2 = 0.076$，见表 6 - 16（b）。

表 6 - 16（b）　　危机范围在消费者 CSR 作用于品牌形象时的调节作用回归分析

变　　量		阶层一		阶层二		阶层三	
		β	t	β	t	β	t
危机后消费者 CSR 行为		0.58	4.94 ***	0.57	4.79 ***	0.63	5.45 ***
危机范围		—		0.10	0.83	0.07	0.60
消费者 CSR 行为×危机范围		—		—		0.28	2.46 *
回归模型摘要	F 值	24.40		12.46		11.22	
	R^2	0.34		0.35		0.42	
	ΔF 值	24.4		0.68		6.06	
	ΔR^2	0.34 ***		0.10		0.076 *	

注：因变量：品牌形象。 * 表示 $p < 0.05$，** 表示 $p < 0.01$，*** 表示 $p < 0.001$。

对两组数据分别回归后的运用简单斜率法形成的具体调节作用模式见图 6 - 9（b）。结合表 6 - 16（b）和图 6 - 9（a）发现，假设 6 - 7c 部分得到验证：群发属性在消费者 CSR 修复品牌形象时起到了调节作用，但不总是正向调节作用，而是在消费者 CSR 行为水平较低时，起负向调节作用（单发性时的效果优于群发性时的效果），只有当消费者 CSR 水平达到较高程度时才是正向调节作用。

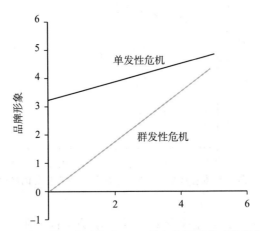

图 6 - 9（b） 危机范围在消费者 CSR 修复品牌形象时的调节作用模式

最后，对"关系再续意愿"而言，运用相同步骤分析群发属性的调节作用，层级回归结果表明，调节作用也显著存在（β = 0.31，t = 2.51，p = 0.016 < 0.05），具体调节效应值 $\Delta R^2 = 0.092$，见表 6 - 16（c）。接下来对单发性和群发性的消费者 CSR 两个实验组分别做"关系再续意愿"对自变量的回归，用简单斜率法划出具体的调节作用模式图，见图 6 - 9（c）。

表 6 - 16（c） 危机范围在消费者 CSR 作用于关系再续意愿时调节作用回归分析

变 量		阶层一		阶层二		阶层三	
		β	t	β	t	β	t
危机后消费者 CSR 行为		0.48	3.77 ***	0.47	3.64 **	0.53	4.28 ***
危机范围		—		0.09	0.68	0.06	0.45
消费者 CSR 行为 × 危机范围		—		—		0.31	2.51 *
回归模型摘要	F 值	14.20		7.25		7.47	
	R^2	0.23		0.24		0.33	
	ΔF 值	14.20		0.46		6.28	
	ΔR^2	0.23 ***		0.008		0.092 *	

注：因变量：关系再续意愿。* 表示 p < 0.05，** 表示 p < 0.01，*** 表示 p < 0.001。
资料来源：SPSS 统计得出。

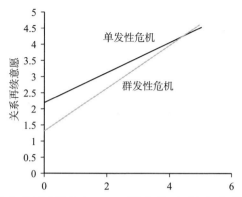

图 6 - 9（c）　危机范围在消费者 CSR 时修复关系再续意愿时的调节作用模式

结合表 6 - 16（c）数据分析结果和具体调节作用模式图 6 - 9（c）发现，假设 6 - 7d 部分成立：危机范围在消费者 CSR 重建关系再续意愿时虽则起到了调节作用，但并不总是起正向调节作用，而是在消费者 CSR 行为水平较低时，起负向调节作用（单发性时的效果优于群发性时的效果），只有当消费者 CSR 水平达到较高程度时才是正向调节作用［在图 6 - 9（c）两条线的相交点以后起正向调节作用］。

（3）员工 CSR 时危机范围的调节作用检验。

将单发性与群发性危机时的员工 CSR 两组实验组数据合并，逐步开展分析以检验 H8 及附属假设。为检验调节效应存在与否以及调节效应值，首先需要做简单回归分析。数据结果为：危机后员工 CSR 对消费者宽恕正向作用显著（$\beta = 0.27$，$t = 2.45$，$p = 0.017 < 0.05$），对品牌形象正向作用显著（$\beta = 0.38$，$t = 3.48$，$p = 0.001 < 0.01$），对关系再续意愿正向作用显著（$\beta = 0.28$，$t = 2.47$，$p = 0.016 < 0.05$）。由此可知危机后员工 CSR 对各结果变量正向作用显著。

然后对自变量"员工 CSR"和调节变量"群发属性"使用 Z 分数进行标准化，构造出二者的乘积项，分别对四个结果变量（情感认同、消费者宽恕、品牌形象和关系再续意愿）进行层级回归，如果乘积项回归系数显著，则群发属性调节作用存在，即检验假设 8 及其各子假设。数据检验结果表明除了"品牌形象"（$\beta = 0.12$，$t = 1.10$，$p = 0.278 > 0.05$），即假设 6 - 8b 没有被验证，对其余两个结果变量而言，消费者 CSR 的正向作用均受到危机范围的调节，详细层级回归结果见表 6 - 17（a）、表 6 - 17（b）。

表 6 − 17 （a）　　　危机范围在员工 CSR 作用于消费者宽恕时调节作用回归分析

变量		阶层一		阶层二		阶层三	
		β	t	β	t	β	t
危机后员工 CSR 行为		0.27	2.45 *	0.25	2.20 *	0.33	2.81 **
危机范围		—		0.14	1.26	0.12	1.04
员工 CSR 行为 × 危机范围						0.25	2.20 *
回归模型摘要	F 值	6.00		3.82		4.29	
	R²	0.08		0.10		0.15	
	ΔF 值	6.00		1.59		4.82	
	ΔR²	0.075 *		0.02		0.057 *	

注：因变量：消费者宽恕。* 表示 $p < 0.05$，** 表示 $p < 0.01$。

表 6 − 17 （b）　　　危机范围在员工 CSR 作用于关系再续意愿时调节作用回归分析

变量		阶层一		阶层二		阶层三	
		β	t	β	t	β	t
危机后员工 CSR 行为		0.28	2.47 *	0.26	2.27 *	0.35	3.08 **
危机范围		—		0.10	0.85	0.06	0.58
员工 CSR 行为 × 危机范围		—		—		0.31	2.72 **
回归模型摘要	F 值	6.09		3.39		4.93	
	R²	0.08		0.09		0.17	
	ΔF 值	6.09		0.71		7.41	
	ΔR²	0.08 *		0.01		0.085 **	

注：因变量：关系再续意愿。* 表示 $p < 0.05$，** 表示 $p < 0.01$。

表 6 − 17 （a）结果表明，危机范围在员工 CSR 行为获得消费者宽恕时正向调节作用显著存在：$\beta = 0.25$，$t = 2.20$，$p = 0.031 < 0.05$，且具体的调节作用 $\Delta R^2 = 0.057$。表 6 − 17 （b）结果表明，危机范围在员工 CSR 行为重建与消费者的关系再续意愿时正向调节作用显著存在：$\beta = 0.31$，$t = 2.72$，$p = 0.008 < 0.01$，且具体的调节作用 $\Delta R^2 = 0.085$。

接下来，对单发性和群发性后的员工 CSR 两个实验组分别对"消费者宽恕"和"关系再续意愿"做回归，用简单斜率法划出具体的调节作用模式，具体见图 6 − 10 （a）、图 6 − 10 （b）。结合层级回归结果和具体调节作用模式得出，假设 6 − 8a、假设 6 − 8c 均成立，即危机范围在员工 CSR 修复消费者宽恕和关系再续意愿时发挥正向调节作用，群发性时的效果优于单发性时的修复效果。

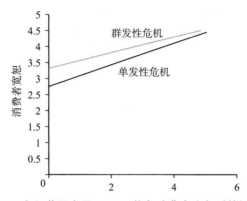

图 6 – 10（a）　危机范围在员工 CSR 修复消费者宽恕时的调节作用模式

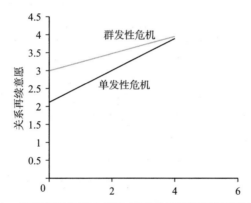

图 6 – 10（b）　危机范围在员工 CSR 重建关系再续意愿时的调节作用模式

（4）社区 CSR 时危机范围的调节作用检验。

将单发性和群发性时的社区公益 CSR 实验组数据合并，逐步分析以检验 H9 及附属假设。为检验调节效应存在与否以及调节效应值需要首先做简单回归分析。数据结果为：危机后社区公益 CSR 对消费者宽恕正向作用显著（$\beta = 0.20$，$t = 2.01$，$p = 0.046 < 0.05$），对品牌形象正向作用显著（$\beta = 0.41$，$t = 3.88$，$p = 0.000 < 0.001$），对关系再续意愿正向作用显著（$\beta = 0.30$，$t = 2.71$，$p = 0.008 < 0.01$）。可见社区公益 CSR 对各结果变量有显著正向影响。

然后将合并后的数据组自变量和调节变量使用 Z 分数进行标准化，构造二者的乘积项，分别对情感认同、消费者宽恕品牌形象和关系再续意愿进行层级回归，如果乘积项回归系数显著，则危机范围调节作用存在，即检验假设 6 - 9 及其各子假设。数据分析结果见表 6 - 18。

表 6 - 18　　　　危机范围在社区公益 CSR 修复消费者宽恕时调节作用回归分析

变　量		阶层一		阶层二		阶层三	
		β	t	β	t	β	t
危机后社区公益 CSR 行为		- 0. 10	- 0. 91	- 0. 09	- 0. 82	- 0. 08	- 0. 84
危机范围		—		- 0. 21	- 1. 83	- 0. 04	- 0. 41
社区公益 CSR 行为 × 危机范围		—		—		0. 62	6. 68 ***
回归模型摘要	F 值	0. 82		2. 10		17. 11	
	R²	0. 01		0. 05		0. 41	
	ΔF 值	0. 82		3. 35		44. 67	
	ΔR²	0. 01		0. 04		0. 356 ***	

注：因变量：消费者宽恕。* 表示 $p < 0.05$，** 表示 $p < 0.01$，*** 表示 $p < 0.001$。
资料来源：SPSS 统计得出。

表 6 - 18 数据检验结果表明，危机范围除了在对"消费者宽恕"做对自变量的回归时，乘积项回归系数显著存在（$\beta = 0.62$，$t = 6.68$，$p = 0.000 < 0.001$），且调节作用值 $\Delta R^2 = 0.356$（调节作用相当明显），但是对其结果变量而言，社区公益 CSR 对其的正向作用均不受危机范围的调节（对品牌形象而言，$\beta = - 0.18$，$t = 1.71$，$p = 0.091 > 0.05$；对关系再续意愿而言，$\beta = 0.06$，$t = 0.52$，$p = 0.607 > 0.05$），即假设 6 - 9a 成立、假设 6 - 9b、假设 6 - 9c 没有验证。

最后，单发性和群发性后的社区公益 CSR 两个实验组分别对"消费者宽恕"做回归，用简单斜率法划出具体的调节作用模式（见图 6 - 11）。至此，结合层级回归结果和具体调节作用模式得出，只有假设 6 - 9a 得到部分验证：危机范围在社区公益 CSR 修复消费者宽恕时虽发挥调节作用，但并不总是起正向调节作用，只有在社区公益 CSR 水平较高时才起正向调节作用；相反，在 CSR 水平较低时起负向调节作用，即单发性危机时的效果优于群发性危机时的修复效果。

（5）组合式 CSR 时群发属性的调节作用检验。

采取与分析前面四类 CSR 时群发属性是否对修复效应起调节作用的相同分析方法与步骤，验证危机后企业实施与多方利益相关者有关的组合式

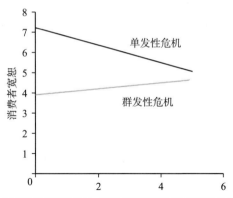

图 6 - 11　危机范围在社区公益 CSR 获得消费者宽恕时的调节作用模式

CSR 时，危机的群发属性是否发挥了调节作用。简单回归分析数据结果为：危机后组合式 CSR 对消费者宽恕正向作用显著（β = 0.40，t = 3.77，p = 0.000 < 0.001），对品牌形象正向作用显著（β = 0.48，t = 4.68，p = 0.000 < 0.001），对关系再续意愿正向作用显著（β = 0.29，t = 2.56，p = 0.013 < 0.05）。可见组合式 CSR 对各结果变量正向作用显著。

　　其次，进行层级回归结果验证。当危机后企业实施的 CSR 与多方利益相关者有关时，其所产生的修复效果只有在考察关系再续意愿时才受危机群发属相的调节，而对情感认同（β = 0.04，t = 0.42，p = 0.673 > 0.05）、消费者宽恕（β = 0.07，t = 0.61，p = 0.546 > 0.05）及品牌形象（β = 0.18，t = 1.73，p = 0.089 > 0.05）而言，危机范围并没有发挥调节作用。群发性危机对关系再续意愿的调节作用详细数据分析结果见表 6 - 19。交互项的回归系数与显著性水平分别为：β = 0.41，t = 3.90，p = 0.000 > 0.05。由此知假设 6 - 10a、假设 6 - 10b 均不成立，而只有假设 6 - 10c 初步成立，要完全验证假设 6 - 10c，还要通过具体调节作用模式再分析。

表 6 - 19　　危机范围在组合式 CSR 行为重建关系再续意愿时调节作用回归分析

变　量	阶层一		阶层二		阶层三	
	β	t	β	t	β	t
危机后组合式 CSR 行为	0.29	2.56 *	0.29	2.62 *	0.39	3.72 ***
危机范围	—		0.12	1.07	0.12	1.13
组合式 CSR 行为 × 危机范围	—		—		0.41	3.90 ***

续表

变　　量		阶层一		阶层二		阶层三	
		β	t	β	t	β	t
回归模型摘要	F 值	6.55		3.85		8.15	
	R^2	0.08		0.10		0.26	
	ΔF 值	6.55		0.14		15.22	
	ΔR^2	0.08 *		0.01		0.16 ***	

注：因变量：消费者宽恕。* 表示 $p < 0.05$，** 表示 $p < 0.01$，*** 表示 $p < 0.001$。

资料来源：SPSS 统计得出。

最后，分别将群发性与单发性的组合式 CSR 行为实验组数据对关系再续意愿做回归，运用简单斜率检验法展示具体调节效果（见图 6 – 12）。

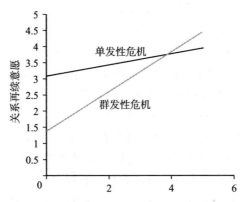

图 6 – 12　危机范围在组合式 CSR 重建关系再续意愿时的调节作用模式

结合层级回归结果和图 6 – 12 具体调节作用模式得出，假设 6 – 10c 部分验证：危机范围在组合式 CSR 修复"关系再续意愿时"的确发挥调节作用，但并不总是起正向调节作用，只有在组合式 CSR 水平较高时才起正向调节作用；相反，在 CSR 水平较低时起负向调节作用，即单发性危机时的效果优于群发性危机时的修复效果。

6.4.3　结论与讨论

1. 假设验证情况

为了保持和主效应研究的连贯性，实验二仍然选取了食品行业的瓶装饮用水价值链的生产环节品牌危机事件，继续通过实验法探究了危机范围对五类主要 CSR 修复品牌时所起的不同程度的调节作用，运用阶层回归法与简单斜率检验法分别对假设一一进行检验，假设验证情况见表 6－20。

表 6－20　　　　　　　　　　假设与验证结果对照

假设	是否得到验证
假设 6－6：相较于单发性品牌危机情境，群发性危机后环境 CSR 对消费者宽恕（假设 6－6a）、品牌形象（假设 6－6b）和关系再续意愿（假设 6－6c）的正向作用更显著，即危机范围正向调节环境 CSR 对品牌的修复作用	假设 6－6b 和假设 6－6c 得到验证，假设 6－6a 没有得到验证
假设 6－7：相较于单发性品牌危机情境，群发性危机后消费者 CSR 对消费者宽恕（假设 6－7a）、品牌形象（假设 6－7b）和关系再续意愿（假设 6－7c）的正向作用更显著，即危机范围正向调节消费者 CSR 对品牌的修复作用	假设 6－7a、假设 6－7b 和假设 6－7c 部分得到验证
假设 6－8：相较于单发性品牌危机情境，群发性危机后员工 CSR 对消费者宽恕（假设 6－8a）、品牌形象（假设 6－8b）和关系再续意愿（假设 6－8c）的正向作用更显著，即危机范围正向调节员工 CSR 对品牌的修复作用	假设 6－8a，假设 6－8c 得到验证，假设 6－8b 没有得到验证
假设 6－9：相较于单发性品牌危机情境，群发性危机后社区公益 CSR 对消费者宽恕（假设 6－9a）、品牌形象（假设 6－9b）和关系再续意愿（假设 6－9c）的正向作用更显著，即危机范围正向调节社区公益 CSR 对品牌的修复作用	假设 6－9a 得到验证，假设 6－9b、假设 6－9c 没有得到验证

2. 结论与讨论

根据假设验证情况研究得出如下结论。

（1）危机范围正向调节环境 CSR 对"品牌形象"和"关系再续意愿"的修复作用，即相较于单发性危机情境，群发性时环境 CSR 对"品牌形象"和"关系再续意愿"的修复作用更好；但其对"消费者宽恕"的修复作用并不受危机范围大小的影响。此结论首先运用新《环境保护法》（2015 年 1 月 1 日起正式实施）解释。新的环境保护法总则部分指出，保护和改善环境，防治污染和其他公害，保障公众健康，推进生态文明建设，促进经济社会可持续发展，是制定本法的目的，并指出，一切单位和个人都有保护环境的义务，保护环境是国家的基本国策，企业事业单位和其他生产经营者应当防止、减少环境污染和生态破坏，对所造成的损害依法承担责任。这就要求任何企业有责任和义务维护环境健康并积极参与环境污染治理。因此如果企业能在品牌危机情境下面对目前日益严峻的环境污染，主动采取有效措施，努力改善环境质量，致力于环境保护，这种富有责任意识的企业亲社会责任行为，很容易获得消费者的好感，而可能选择忘却危机，更不可能会细究危机是单个企业行为还是多方品牌均有过错，因此对品牌方选择了饶恕，即危机范围并不影响环境 CSR 行为对消费者宽恕的修复作用。但是当消费者接触到危机之后企业的环境责任信息时，如果重新认知品牌形象，表示是否愿意继续与品牌再续前缘时，根据归因理论，可能还会审视该品牌危机到底是个别企业独有的现象，还是众多企业共同失范行为。如果是单个企业所为，考虑到食品行业的高竞争性和较低的品牌消费转换成本，消费者可能仍然对犯事品牌形象评价较低；如果是多个品牌共同出现失误，在消费者看来，这是行业技术缺陷或者监管部门失责所致，加之被试品类瓶装水是生活必需品，因而会对品牌形象给予较高评价，而表示愿意继续与品牌重建关系。

（2）CSR 对品牌形象和关系再续意愿的修复效果受到"品牌危机范围"的调节，这可以根据联想网格理论和归因理论解释。在多品牌危机情境下，消费者降低对行业的信任，企业可以通过约束策略和展示策略重建信任（Gillespie，Dietz，2009），重塑品牌形象，最终目的是消费者重新接纳品牌，展示策略为道歉、承认责任、赔偿损失等方式，危机后企业的环境责任行为就是企业的一种展示策略。在群发性的多品牌危机情境下，消费者行业信任减少，转换品类消费很常见，但本研究选取的品类是食品，属于生活必需品，消费者仍然需要消费，此时若单个企业能够展示出良好的环境责任行为，就可以大大提升品牌形象，并重建消费意愿；反之，在单发性品牌危机情境下，消费者很容易实施品牌转换消费，加之食品行业类似于完全竞争行业，此时单个企业即便努力关注环境责任，消费者仍然可能不会对其给予较高的形象评价，也不可能与品牌重建消费关系。

（3）危机范围负向调节消费者 CSR 对"消费者宽恕""品牌形象""关系再续意愿"的修复作用，即相较于群发性危机情境，单发性危机后消费者 CSR 对"消费者宽恕""品牌形象""关系再续意愿"的修复作用更好。对品牌危机风险感知最大的是消费者，因此，如果行业多个品牌均发生品牌危机，消费者很容易将其归结为行业"潜规则"所致。行业潜规则型产品伤害危机涉及的企业数目较多、影响范围较广、危害较严重，消费者感知到企业的主观故意动机明显，甚至质疑政府监管制度的有效性（余伟萍，崔保军，2015）。当行业潜规则型产品伤害危机频繁发生并不能有效控制时，消费者反而对该类事件习以为常、敏感性降低（余秋玲、阎俊，2010），对行业信任降低。加之我国社会现实中很多企业一边慷慨地开展慈善公益活动，一边却在暗地里坑害消费者（Campbell，2007；高勇强，陈亚静，张云均，2012），使得公众质疑企业诚意。特别对发生过负面事件的污点企业，人们认为企业社会责任活动不过是为其不当行为遮羞，或是转移、分散公众对其社会责任缺失的关注。在此情形下，污点企业的社会责任活动并不一定产生企业所设想的正面推论（鞠芳辉等，2014），甚至会事与愿违（backfire），损害公司与品牌形象（Dean，2003）。总之，在群发性危机情境下，单个企业的消费者 CSR 行为很难获得较好的消费者宽恕、积极的品牌形象评价和重建良好关系。此发现与冯蛟等如下观点相反：如果品牌危机涉及了同行业中的众多品牌，根据归因理论，消费者会认为是企业外部的不可控力导致危机发生，此时顾客的消极情绪相对较弱，而且该产品品类若属于生活必需品（如食品行业），消费者因为无从选择，此时如果焦点企业采取主动、诚恳的赔偿措施，消费者在危机平息后往往会有更高的购买意愿（冯蛟等，2015）。

反之，如果品牌危机仅涉及行业单个品牌，而且该品牌曾经有上好的市场表现（品牌声誉高），那么当曝光危机事件后，企业如果能够真诚改正错误，尽量弥补对消费者的损失（如下架、封存、赔偿等），并严于律己（今后按照行业最严格的产品质量标准执行生产任务），加大研发新品的努力，真诚改过，消费者自然会给予积极回应。中国消费者深受儒家思想熏陶，往往会对好人犯错又真心改过的行为给予鼓励和支持，因此，此时企业针对消费者的 CSR 行为会得到更好的效果。即单个危机情境下，消费者 CSR 行为修复效果较好。此发现推翻了如下观点：在单发性品牌危机情境下，企业欲通过践行 CSR 的方式补偿消费者、社会与其他利益相关群体，在消费者看来是为犯错行为"遮羞"（高勇强，陈亚静，张云均，2012）或讨好公众的"伪善"之举（Wagner 等，2009），因此很难使消费者产生积极响应。

（4）危机范围正向调节员工 CSR 对"消费者宽恕"和"关系再续意愿"的修复作用，即相较于单发性危机情境，群发性危机中员工 CSR 对"消费者宽恕"和"关系再续意愿"的修复作用更好；但其对"品牌形象"的修复作用并不受危机范围大小的影响。

企业能够在危机后积极关注员工的利益诉求，是期望通过内部营销建立企业上下一心共度危难的决心，而且根据员工 CSR 效用的相关研究认为，企业对员工的责任有利于建立健康的企业与品牌形象（Brammne，Pavelin，2004），足以塑造品牌人文情怀的形象（龚博，田虹，2009），带来较高的员工忠诚行为（王新宇，余明阳，吴开尧，2010）和企业认同与组织承诺（Turker，2009；Ali，et al.，2010；苗莉，赵婉莹，2012）。这些研究是在品牌顺利经营的常态环境下，而本章实证研究得出，无论在多个品牌被负面曝光的事件情境还是单个品牌危机情境，企业在对员工实施各项 CSR 行为都对品牌形象具有修复作用，而且修复效果没有显著性差异，即危机范围没有调节员工 CSR 对品牌形象的正向作用。

在群发性危机情境下，企业的员工 CSR 虽然与产品质量改进没有直接关联，但是公众看到单个企业能够更关注员工的利益诉求时，会认为企业是一个重视员工利益、愿意与员工分享价值、而具有人文气息的组织。因此，在群发性危机情境下，如果单个企业能够关注员工利益和发展，很容易获得消费者宽恕和重建关系的意愿。相反，在单个品牌危机情境下，即便企业努力传播关注员工利益诉求的信息，但因为员工 CSR 与产品质量改进不直接相关，消费者谈不上宽恕与否，更不会产生与品牌再续前缘的念头。因此，较之单发性品牌危机，群发性时员工 CSR 对消费者宽恕和关系再续意愿的修复效果更显著。

（5）危机范围负向调节社区公益 CSR 对"消费者宽恕"的修复作用，即相较于群发性危机情境，单发性危机时社区公益 CSR 对"消费者宽恕"修复作用更好；但其对"品牌形象"和"关系再续意愿"修复作用大小并不受影响。

根据心理学的道德自我调节过程理论，企业自身所具有的道德自我调节机制会产生"道德净化效应"。无论品牌危机涉及多大范围，当企业危机威胁自我形象时，企业会增加道德行为（Lombarts，Rupp，Vallejo et al.，2009），会对利益相关者当实施慈善捐助、灾难救助、困难帮扶、投资教育等形式的社会公益道德行为，以期进行道德自我形象修复（Carlsmith & Gross，1969）。中国"人之初，性本善"的主流传统观念与社会主义核心价值观使人们更倾向于对做善事的人给予积极和正面的评价，因此，无论危机涉及多少品牌，企业对社会公益事业投资的道德行为都会获得积极评价。余伟萍等（2014）研究发现，企业慈善捐助活动能显著修复品牌形象并提升消费意愿；徐小龙（2015）研究得出，品牌方以慈善公益活动等形式表现出来的企业的社会责任，是向社会公众展现情感与利益投入的补偿行为，表现出了品牌对社会的积极态度，这是重要的消费者—品牌关系再续机制之一。因此，企业在危机之后欲借用社会公益 CSR 行为重塑品牌形象并重获消费者青睐时，可以不用考虑危机范围的影响。

当社会公益 CSR 行为获得消费者宽恕时，单发性品牌危机时的效果优于群发性危机时的效果，这可以用消费者联想网络解释理论和归因理论解释。联想网络解释理论认为，在群发性产品伤害危机情境下，同一行业中有多家企业同时发生相同的产品伤害危机事件，提高了负面信息的可接近性和可诊断性，消费者将频繁地接触到品牌的负面信息，因此即便企业努力实现对社会公益承诺，也很难降低消费者的风险感知，因而消费者不容易宽恕问题品牌。反之，如果品牌危机属于单发性的，根据归因理论，顾客会认为危机事件是发生危机企业的个别行为，与群发性相比，消费者会进一步加深对企业的责任归因，往往认为由企业内部因素引起危机事件，且认为企业本身可以控制危机事件并能避免发生（张童，2014）。但是，亨德森（2007）认为，较强的企业社会责任感有助于减少消费者对企业的责任归因，对消费者进行正面归因有促进作用，有助于突发性社会和环境问题的有效解决。因此，被负面曝光的企业除了改进生产技术提升产品品质外，还额外努力参与社会公益实践，在消费者看来，是企业真心改过并诚恳补偿社会的救赎行为，往往会选择饶恕问题品牌。

（6）危机范围负向调节组合式 CSR 对"关系再续意愿"的修复作用，即相较于群发性危机情境，单发性时组合式 CSR 对"关系再续意愿"修复作用更好；但其对"消费者宽恕"和"品牌形象"修复作用大小并不受危机范围影响。这样的结论可能首先在于组合式 CSR 行为关注了多方利益诉求，很容易获得利益相关者的积极回报，此时，包括消费者在内的公众早已忽略了危机到底涉及了多少品牌的问题。但是，对关系再续意愿变量而言，消费者不会轻易因多方 CSR 组合行为而选择重新与品牌建立实质的消费、拥护行为。因为这是实实在在的消费行为决策，是关乎消费者货币选票价值最大化的安排，因此面对企业在危机后的组合式 CSR 行为，消费者还要细细考量危机严重性和风险大小的问题。如果是群发性危机，根据可接近—可诊断理论，消费者感知到更多风险，并因食品属于生活必需品而陷入消费选择困境。相反，如果是单发性危机，消费者感知较小风险，此时如果消费者接触到企业严于律己（今后将按照最严国标生产）、多方诚恳践行对利益相关者的承诺行为，并积极参与社会问题治理（环境保护 CSR 举措），持续投入社会公益事业等信息，受理性信息（今后将按照最严国标生产）和感性信息（组合式 CSR 行为）刺激后往往会采取更为实际的响应方式（与品牌重建关系便是表现之一）。因此，相较于群发性品牌危机，单发性品牌危机情境下，组合式 CSR 方案更能重建消费者与品牌的关系。

6.5　小结

本章选取食品行业的瓶装水产品发生在生产加工阶段的性能型危机事件，分别设计二次实验，分别探究了危机发生半年之后企业的主要 CSR 行为方案在取得修复效应的过程中，消费者对产品的质量感知与危机范围所起的不同的调节作用。研究结论为企业根据自身产品质量状况和危机范围而确定恰当的修复目标，进而选择不同的 CSR 行为方案提供了理论依据。研究表明，危机后企业的 CSR 行为所要达到的目标不同时，感知质量和危机范围的调节作用路径影响下的 CSR 策略的修复目标、对应的较优 CSR 行为选择方案不尽相同。

第一，当企业在品牌危机发生后短期无法有效改善产品质量，而欲通过CSR 策略获得"消费者宽恕"时，员工 CSR 行为是优先选择；欲重新塑造积极的"品牌形象"时，选择环境 CSR、员工 CSR 或者组合式 CSR 都可以实现；如果想重建关系再续意愿时，环境 CSR、社区公益 CSR 或者组合式CSR 均可以达到目标。相反，危机发生后企业在很短时间内改进了产品质量，此时拟通过践行对主要利益相关者的 CSR 承诺而获得较高水平的消费者宽恕时，企业可结合自身特点在环境责任、消费者责任、社区公益责任和组合式责任四种方案中择优选择，同时还需要向消费者传递品牌品质已然提高的信息线索，加大消费者接触产品质量改进的信息线索。重塑更好的品牌形象时，只能在消费者 CSR 方案和社区公益责任方案中选择，同时还要辅之以能够提供产品质量感知较高的信息线索；如果将修复目标定为消费者重建与品牌的关系再续意愿，只能在消费者 CSR 方案和员工责任方案中选择，同时还要多方传播产品质量改进的信息线索。

第二，在单发性危机情境下，企业想要通过 CSR 行为策略获得较高水平的消费者宽恕，备选方案为消费者责任与社区公益责任。此时，想要借CSR 行为策略修复品牌形象，较优的方案唯有消费者责任。如将目标定为消费者重建与品牌的关系再续意愿时，有两个备选方案：消费者责任和组合式责任。当品牌危机是群发性时，想获得更高的消费者宽恕，员工责任是唯一的 CSR 行为选择方案；此时想修复品牌形象，环境 CSR 是不二选择；如果此时修复目标为重获消费者与品牌的关系维系意愿，则可以有环境责任和员工责任两个备选方案。

目前，企业除了根据修复目标选择较优的 CSR 行为方案外，各项 CSR行为策略已经不仅仅是企业短期内的权宜之计，更具有战略性意义。但是，从利益相关者角度划分的主要五类 CSR，哪些是策略性选择，哪些应该放置在战略性高度、达到治理食品群际冲突的目标，本研究第七章将对此问题展开讨论。

第 7 章

治理食品业品牌群际冲突的
CSR 战略决策

前面几章通过案例法、内容分析法、实验法研究了食品业品牌群际冲突特征与战术性 CSR 策略对冲突的减缓效应及重要影响因素。性能型危机后环境责任、消费者责任、员工责任、社区责任和组合式责任，这五类企业青睐的 CSR 内容均能显著提升危机品牌形象、获得消费者宽恕和关系再续意愿，感知质量和危机范围具有调节作用。然而，企业社会责任仅仅只是企业渡过危机的一种战术性工具，还是同时已成为企业的战略选择？其能否帮助企业治理品牌危机（尤其是道德型危机），实现企业与品牌的可持续发展？

为此，本章沿着品牌危机根源是企业社会责任缺失的思路，将企业社会责任聚焦在战略性层次，首先运用多案例企业的使命与愿景信息，探明现实中食品企业贯彻战略性 CSR 的依据，探究其治理品牌危机的作用。其次，运用问卷法，归纳出战略性 CSR 具体行动方案，为企业开展战略性 CSR 行动决策提供参考。本章研究思路如图 7 - 1 所示。

首先，依据危机企业的使命和愿景信息判定责任战略理念。如果使命和愿景信息中涉及与 CSR 有关的信息，那么判定企业已将 CSR 提升到战略层次，在经营发展过程中，自觉将 CSR 内化为企业经营理念和价值追求。反之，如果愿景和使命信息中并没有体现对利益相关者的关注，或者没有与可持续发展、公益等 CSR 内涵相关联，则判定企业的 CSR 没有战略意义，即研究图 7 - 1 中的问题一。其次，对责任战略企业样本依据危机类型进行危机频次比较分析。如果道德型危机频次显著少于性能型危机频次，一方面再次证明了企业言行一致，在真正推行 CSR 战略；另一方面，说明战略性 CSR 具有治理品牌危机的效果，尤其是能有限减少道德缺失型危机发生的概率。与此同时，结合企业官网有无"社会责任"专栏分析企业的 CSR 信息披露情况。最后，那些在使命和愿景里体现责任战略价值观的企业，如果发生

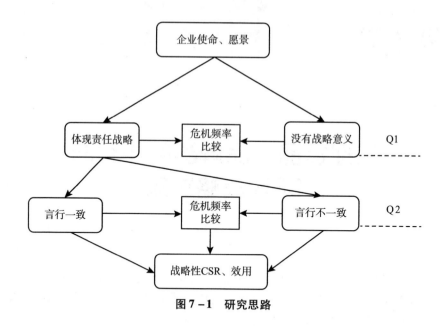

图 7 – 1   研究思路

道德型危机的频次仍然高于性能型危机频次，则说明企业言行不一致，企业社会责任战略理念并未付诸企业实践，依据 CSR 治理危机的路途还有障碍，解决图 7 – 1 中的问题 2。

7.1   问题提出

企业履行 CSR 不应仅仅成为品牌危机等危机情境下的无奈之举，还应与企业使命、经营理念、价值观、管理者行为准则等相吻合，成为战略性的选择与安排。

1. 战略性 CSR 及治理

企业使命体现了企业战略决策者的经营理念、价值取向与处理问题的优先次序，那么，企业使命宣传与企业谋求利益相关者的实践行为（即 CSR 行为）之间是否一一对应呢？遵照使命宣言的战略性 CSR 是否能够有效减少道德型危机频率？本章将通过多案例研究回答这两个问题。

2. 战略性 CSR 行动方案

企业回归社会公民身份，将 CSR 内化为企业价值观时，CSR 既能够作为一种应急公关策略（Hoffman，2007；庄爱玲，余伟萍，2012），又能作为危机后的修复策略，重建品牌形象并重拾消费意愿（余伟萍，赵占恒，2015；王春娅等，2014），获得正面品牌权益（汪旭晖，冯文琪，张杨，2015），正如本书前面章节实证研究证明的，危机后企业可以利用 CSR 行为拯救品牌。但是危机发生的根本原因是企业社会责任缺失（Lin – Hi，Müller，2013），如果将责任管理思路纳入企业战略，就会大大减少品牌危机，甚至杜绝品牌危机，从而实现了品牌危机的闭环管理。本研究对近 10 年食品行业品牌危机事件后 CSR 内容的纵向分析发现，有些企业的 CSR 行为已逐渐脱离了"一锤子买卖"特征（张扬，纪成莲，汪旭晖，2015），CSR 被纳入企业战略层面。那么，企业为减少或杜绝品牌危机，又该如何从战略性视角规划 CSR 行动方案？本章将运用问卷调查法解决此问题。

7.2　概念与理论基础

7.2.1　相关概念

1. 战略性 CSR

在西方 CSR 文献中，CSR 战略一般被认为是利用 CSR 所带来的机会，用以谋求竞争优势的战略（Husted；Allen，2007），是企业对社会责任的深层认识，是长远视角下满足社会群体利益的同时强化企业战略的价值链活动（Porter，Kramer，2007），是能为企业带来竞争优势的社会责任（Porter & Kramer，2011）。因为 CSR 对企业和社会的回报是双向的，当 CSR 有助于企业实现使命时，CSR 便上升到了战略高度（Burke & Logsdan，1996）。伯克和洛克斯丹（Burke，Logsdan，1996）在提出战略性 CSR 概念的同时，还提出了概念的五个维度：企业社会责任项目与企业使命和目标的一致性，企业社会责任项目专用性，按环境趋势规划行为的前瞻性，不受外部制约自由决策的自愿性，赢得认可的可见性。另外，道尔顿和科西尔（Dalton and Cosier，1982）主张，合适的 CSR 战略是"合法且负责任"，即战略性 CSR 必须是在遵守法律责任的前提下，对利益相关者有所承诺并积极实践。本章依据此 CSR 战略维度划分结果，结合本研究的中心议题是有关危机品牌管理，强调企业在遵守法律制度的前提下，选取"企业社会责任与企业使命及目标（愿景）的一致性"方面进行实证分析。

另外，"战略性 CSR"与"CSR 战略"或者"责任战略"在内涵上是同一的，例如陈明、刘跃所（2006）界定的责任型战略指企业自觉承担社会责任，将诚信经营、节约能源、爱护环境、善待员工、热心社会公益的经营理念贯穿在企业采购、研发、生产、销售以及市场服务等价值链的各个环节，塑造具有亲社会和感召力的企业文化及品牌形象，有效整合社会资源，创造有利于企业经营和发展的内外部环境，以打造企业责任竞争力获取竞争优势，保证企业可持续发展的新型战略。这样的概念界定与波特、克莱默

（Porter，Kramer，2011）所认为的"战略性 CSR 是能为企业带来竞争优势的社会责任"本质相同，因此以下所出现的 CSR 战略、战略性 CSR 或者责任战略指同一概念。

基于以上学者观点并结合品牌危机管理思想，本研究界定的战略性 CSR 是指企业不能仅仅将 CSR 作为应对危机、修复品牌等非常态下的被动反应性策略（Reactive CSR initiatives），而更要将 CSR 与企业使命相融合，将 CSR 内化为企业价值观，在追逐经济利益的同时，自觉履行对各方利益相关者的承诺并持续坚守，使企业行为与社会公民身份相匹配，主动履行 CSR 承诺（proactive CSR initiatives），谋求企业、社会、环境、利益相关方等多主体间的价值共创与价值共享。

2. 企业使命与愿景

企业使命阐述了企业任务是什么，这些任务因何而存在，以及企业所能做出的独特贡献，说明了企业的根本性质和存在的理由。使命是企业行为的准则、指导思想。例如麦当劳的使命是"质量、周到的服务、清洁的环境、为顾客提供更有价值的食品"，而德克士的企业使命是"创造新舒食快餐"。两者都是从产品和服务的角度出发制定，体现了以顾客需求为导向，以消费者需求为中心来确定企业使命的原则。企业使命较长期而抽象，决定了企业愿景，所以制定准则应该是长期保持不变的顾客基本需求的满足。

企业愿景是在汇集全体员工的共同心愿基础上，对企业未来美好愿景和蓝图的展望、勾勒。愿景说明了使命应该努力的方向，具体愿景根据企业优势与发展空间而描绘，即回答"我们应该成为什么"。如麦当劳的愿景是"控制全球食品服务业"，德克士的企业愿景是"提供优质的美食与服务，运用优势的管理能力成为爱与关怀世界级的连锁餐饮集团"。

企业使命、愿景是企业战略理念的集中体现，而 CSR 战略能使企业适应变化的外部环境，通过与利益相关者的多赢共存达成愿景与使命（陈先红，陈霓，刘丹丹，2016）。提出明确的、有强烈社会责任感的战略愿景是企业进行有效责任型战略决策和实施的前提条件。战略愿景集中反映了企业的任务和目标，表达了企业的社会态度和行为准则（陈明、刘跃所，2006）。为了企业与品牌健康、稳健、可持续发展，企业日常行为应该与使命和愿景相一致，保护利益相关者的利益，切实履行 CSR 承诺，否则，只是徒有虚名，纯属作秀。在使命号召与约束下，企业行为要合理合法合情，合乎使命宣言；愿景是企业汇集各种资源并激发员工创造力的动力和召唤器，清晰的愿景、蓝图是企业上下一心奋斗的目标。

3. CSR 治理

企业是社会风险的可能影响者，还是社会风险的重要引发者（李文祥，

2015)，社会治理主体多元化的时代趋势与风险管控的多主体，要求企业承担起社会治理的责任，发挥社会治理的功能。企业面向社会履行社会责任，在保证产品质量与使用安全的前提下，既能保障自身的生存与发展，又能根本解决社会问题（如食品行业品牌群危机）。因此，较之经济效益，CSR 的社会管理功能成为保障企业竞争力的坚实基础，成为对企业发展具有战略意义的行为（李文祥，2015）。研究表明，企业履行社会责任除了可以塑造良好的企业公民形象，还能降低、减少社会风险，这就是 CSR 治理功能（Moscalu，Vintila，2012）。

党的十八届三中全会要求创新社会治理体系，要求企业价值观从单纯追求自身盈利向兼顾社会、环境健康发展的转变，而履行社会责任，恰恰提供了企业参与社会治理的途径。企业社会责任的理念要求企业在经济、社会、环境等方面全面发展。

7.2.2　理论依据

1. 企业公民理论

企业公民理论是将企业看成社会的一部分，即企业具有社会属性，它和个体社会公民一样，在社会合法性方面，既拥有社会公民的权益，同时也必须承担对社会的责任。企业作为社会中的公民之一，社会为其生存和发展提供了相应的资源并赋予其一定的公民权利，企业必须像公民一样履行与这项权利相对应的义务。企业公民的义务就是企业承担社会责任，做到遵守法纪，保有社会公德，做到依法纳税，具体包括以"经济人"的身份追求利润最大化，履行经济责任；以"社会人"的身份履行法律责任和其他社会公益责任；以"道德人"的身份履行道德责任和慈善责任（唐更华，许卓云，2005）。其中，根据企业社会性特点，戴维斯（Davis，1960）提出了"责任铁律"和"企业公民"观点。"责任铁律"强调管理学中的权力与责任平衡，认为企业的社会责任应该与它们的社会权力相匹配，企业"对社会责任的回避将导致社会赋予权力的逐步丧失"。

依据企业公民理论，企业危机反映出企业在享有权利时却忽视了对社会应尽的义务，超越了权利界限，结果负向影响公众的消费福利，是短期损人利己而长期损人也不利己的行为。此时，企业需要主动、积极地承担犯错的后果，努力与公众坦诚、及时沟通，并知错改错，遵纪守法，履行合适的社会责任，努力获得救赎。

2. 社会风险治理理论

1946 年德鲁克《公司的概念》一书中强调，"公司的本质是一种社会组织",公司一开始就是"政府实现其公共政策目标的社会工具"(Sundaram and Inkpen,2001),其承担着社会运行的各项职能,应该发挥稳定社会以及促进社会发展的作用。一个组织机构具有社会功能,因此企业应参与治理社会问题。社会法学强调"社会本位"的企业本质观,意味着企业存在的首要目的是服务社会整体利益,而非自由资本主义时期所强调的个体利益。

20世纪60年代以来,人类开始进入"风险社会"(Beck,2000),社会风险的不确定性、普遍性、突发性等特征,要求风险的管控机制能够广泛整合各种管控资源,构建社会治理模式。对此,提出要"再造政治"以应对风险,于是,由政府、企业、非营利组织及公民共同参与的合作式管控成为社会治理的基本模式,政府不再是管控社会风险的唯一主体,企业也被赋予了社会治理主体的责任。这不仅因为企业是社会风险的可能影响者,更因为它还是社会风险的重要引发者(李文祥,2015)。社会治理主体多元化的时代趋势与风险管控的多主体,要求企业承担起社会治理的责任,发挥社会治理的功能。

7.3 战略性 CSR 及危机治理

本节依据伯克和洛克斯丹(1996)所提出的五维度战略性 CSR 概念,结合本研究的中心议题——有关危机品牌管理,选取"企业社会责任与企业使命和目标(愿景)的一致性"方面进行实证分析。责任战略是使命和实现愿景的保障,那么,在实践中,企业愿景与使命是否体现了责任战略理念(Q1)?对此问题,本书通过对企业官网相关信息的分析来解决。当愿景使命与责任战略相一致时,品牌实际行为又如何(Q2)?对此问题,本书将用品牌危机发生的频率加以衡量。

7.3.1 研究设计

1. 样本选择

选定前期连续追踪了8年(2009~2018年)的96起食品企业品牌群危机作为抽样框。在样本选择上,采用多级抽样的方式。首先,采用类似典型抽样的方式,以中国品牌监测中心、中国食品网、中国新闻网、国家食品药品监督管理总局曝光台、光明网、人民网相关报道,以及《中国名牌》期刊发布的食品行业年度十大品牌危机榜为基础,同时根据百度"年度食品行业十大品牌危机事件"榜单中的样本,对近些年食品企业品牌危机事件进行了系统盘点,形成96个典型抽样样本。

接着，根据"在大陆市场出现过真实性品牌危机的食品企业且危机后有 CSR 行为"的标准进行二次抽样。其中，"真实性"的品牌危机是指属于"媒体依据事实报道"，或者不属于"检测机构检测方法有误"导致的受害型品牌危机，抑或属于乌龙事件，类似危机不是企业主观错误或者自身能力所致，而属于外力因素，因此予以剔除。"大陆市场出现过的品牌危机"是指危机企业的业务在境外开展而出现的危机事件，问题产品在大陆没有出售。同时删掉属于单个员工行为不属于企业层面行为的事件。对样本进行二次筛选后剩余 93 个品牌危机事件，涉及 41 个品牌企业。目标案例涉及危机品牌及危机事件、危机类型、危机频次、企业使命与愿景、CSR 专栏等信息。

接下来对样本企业的"使命与愿景"表述信息进行采集，依据"危机类型、使命和愿景是否与责任战略有关"进行归类、编码、分析。

2. 变量定义

（1）危机类型划分标准。

本部分借鉴余伟萍等（2014）的产品和道德二维矩阵分类结果，将危机划分为三种类型：道德型、性能型和复合型。

（2）责任战略评判依据。

本书首先依据企业使命和愿景来判定企业是否贯彻责任战略理念。如果企业使命和愿景信息中涉及与 CSR 有关的信息，那么就判定企业已经将 CSR 提升到战略层次，在经营发展过程中，自觉将 CSR 内化为企业经营理念和价值追求。如五粮液在企业网站中明确提出：贵在坚持，社会责任是企业战略。[①] 五粮液早在 2008 年度《社会责任报告》中就强调，企业应该弘扬社会责任，为构建和谐社会出力，同时一直把社会责任作为企业的一项重要战略。反之，如果企业愿景和使命并没有体现对利益相关者的关注，或者没有与可持续发展、公益等 CSR 内涵相关联，则判定企业在危机之后的 CSR 行为只是一种应激性的战术策略。

第二步，对责任战略企业样本依据危机类型、危机频次做比较分析，尤其是比较道德型和性能型危机频次，如果企业的道德型危机频次显著少于性能型危机频次，则再次证明企业在真正推行 CSR 战略。因为道德型危机、复合型危机与企业价值观相关，有悖于责任战略理念，因此，从理论上讲，践行责任战略的企业，其发生道德型危机的概率较小。此类情境下，品牌与企业的行为、战略指导思想一致，CSR 达到了治理品牌危机的效果，尤其是道德缺失性危机。

---

① 五粮液社会责任专栏观点：http://www.wuliangye.com.cn/zh/main/main.html#/g=BRAND&id=16.

最后，即使企业在使命和愿景里奉行责任战略价值观，但是发生道德型危机的频次仍然高于性能型危机频次，则说明企业言行不一致，企业社会责任战略理念还需要进一步深化，依据 CSR 治理危机的路程还很漫长。

（3）责任战略群组划分。

聚类分析是划分群组最常用的方法，而指标选取则成为科学划分群组的关键，依据本研究问题，同时选取危机类型和危机频次这两个维度划分责任战略群组。道德型、性能型和复合型三类品牌信息危机见表 7 – 1。具体编码分析时分别用数字 1、2、3 表示，即 1 = 道德型危机，2 = 性能型危机，3 = 复合型危机。对危机频次维度根据样本案例整体情况划分为高发性、低发性两个第二维度，高发性指危机频次高于 2 次（包含 2 次），低发性指频次少于 2 次。

表 7 – 1   CSR 战略群组划分维度

维度一	维度二	衡量指标
危机类型	性能型	产品有缺陷
	道德型	产品无缺陷但违背商业伦理
	复合型	因违背商业伦理导致产品性能缺陷
危机频次	高发性	危机频次 ≤1
	低发性	危机频次 >1

7.3.2　数据分析

1. 基于企业使命与愿景的 CSR 战略管理倾向

对 41 个样本案例的企业官网上有关企业使命与愿景的信息，根据"社会责任""公益""可持续发展""员工、消费者、社区、环境等共享价值""食品安全、健康、营养、优质""关怀、回馈、承担社会责任""共同成长"等与 CSR 内涵相关的词语提取并归纳，依次判定企业危机品牌企业是否有责任战略价值观。结果显示，有责任战略经营理念的企业有 31 家，占样本总数的 77.5%；没有责任战略取向的企业品牌有 10 个，总占比为 22.5%，这些都是知名的品牌，但 CSR 战略意识明显不足。

由此初步判定，绝大多数企业的确将 CSR 作为长期持续的经营理念和行为准则。下面通过对 31 个责任战略组的样本企业危机类型不同时危机频次的比较，进一步检验企业是否在真正践行战略性 CSR 承诺。

2. CSR 战略群组聚类分析

聚类结果为：针对道德型危机，较低频次的群组规模是 29，较高频次的群组规模是 2；针对性能型危机，较低频次的群组规模是 24，较高频次的群组规模是 7；针对复合型危机，较低频次的群组规模是 28，较高频次的群组规模是 3。

在因道德问题而频遭曝光的 4 家企业名单中，有三家企业是外资品牌，其中两个是洋快餐行业领导者，另一家是外资零售业的佼佼者，这三家企业占比为 75%（3/4），而剩余的一家是国内调味品类中的领导者品牌，国内品牌触犯道德底线的危机概率远远低于外资品牌，比例为 25%。这样的结论也与近些年来专家学者的疑惑相一致：为何在全球享有良好声誉的外资品牌在中国市场屡屡违背商业伦理道德而做出有损消费者利益的举动。

3. 实施 CSR 战略的品牌危机频次比较

第一步，通过比较道德型危机发生概率的高低差异判断企业是否遵从了 CSR 战略要求。首先，由表 7-2 可以看出，当食品企业遵守责任战略理念时，触犯商业伦理道德的概率大大减少了，出现高频率的道德型危机企业只有 2 家，所占比率仅为 6.5%（2/31），而大多属于概率较低的道德型危机，有 29 家企业比例为 93.5%，两者比例相差悬殊（见表 7-2）。

表 7-2　　企业责任战略情境下道德型品牌危机概率的卡方检验

项目	值	df	渐进 Sig.（双侧）
Pearson 卡方	31.000[a]	2	0.000
似然比	14.831	2	0.001
线性和线性组合	13.876[b]	1	0.000

注：a 表示 3 单元格（75.0%）的期望计数小于 5，最小期望计数为 0.13；b 表示只针对 2×2 表格进行计算。

卡方检验结果：$\chi^2 = 31.00$，Pearson 卡方的显著性为 $0.000 < 0.001$，说明不同频次的道德型危机在责任战略群组之间存在显著差异。接着通过单因素方差分析（ANOVA）对道德型危机频次绝对值进行比较。检验结果为：$M_{频次低} = 0.31$，$M_{频次高} = 2.00$，$F(1, 29) = 24.957$，显著性概率 $P = 0.000 < 0.001$（详见表 7-3）。

表7 - 3 道德型危机频次的 ANOVA 检验

项 目	平方和	df	均方	F	显著性
组间	5.341	1	5.341	24.957	0.000
组内	6.207	29	0.214	—	—
总数	11.548	30	—	—	—

　　同理，接着对复合型品牌危机进行卡方检验（$\chi^2 = 31.00$，$p = 0.0000 < 0.001$）和方差分析 [$M_{频次低} = 0.43$，$M_{频次高} = 3.67$，$F(1, 29) = 71.50$，显著性概率 $P = 0.000 < 0.001$]，这说明结果也符合推断（遵从 CSR 战略要求的企业道德型危机显著较少）。

　　以上结果说明，当企业将 CSR 内化为企业价值观、经营原则以及使命与愿景，直至成为企业责任战略时，即企业使命与行为一致时，企业发生道德型危机的概率会大大减少，达到有效治理道德型危机的理想结果。

　　第二步，从理论上分析，遵从 CSR 战略理念的企业，其发生道德型危机的概率大大低于发生性能型危机的概率。因为推行责任战略管理的企业即使发生品牌危机，绝大多数是技术所限或者管理能力不善所致，不是有意为之，而是无心之过，属于性能型危机。为了证明此推论，需要实施卡方检验与方差分析（见表7 - 4、表7 - 5）。为证明该推论，分析时将危机类型减少为两组，分别为道德型和性能型（因为复合型危机本质上也是道德型危机，故将复合型品牌危机归结为道德型危机）。

表7 - 4 道德型危机群组与性能型危机群组交叉制表

危机类型	危机类型		
	道德型危机	性能型危机	总计
群组1（危机频次低）	26（83.9%）	24（77.4%）	50
群组2（危机频次高）	5（16.1%）	7（22.6%）	12
总计	31	31	62

注：有些企业发生过两类以上的危机，因此危机总频次可能大于企业品牌数。

表7 - 5 两类危机概率的卡方检验

项 目	值	df	渐进 Sig.（双侧）
Pearson 卡方	1.035[a]	1	0.309
似然比	0.931	1	0.335
线性和线性组合	1.001[b]	1	0.317

注：a、b 表示最小期望值。

$\chi^2 = 1.305$，Pearson 卡方的显著性为 $0.309 > 0.05$，说明这两类危机发生概率并没有显著性差异，因此推论不成立（遵从 CSR 战略理念的企业，其发生道德型危机的概率大大低于发生性能型危机的概率），说明企业还有言行不一致的情况。企业在使命和愿景中宣扬的对利益相关者的关爱与关注、可持续发展理念只是面子功夫，在实践中并没有落到实处。

4. 企业战略性 CSR 信息沟通概况

企业社会责任战略观除了切实付诸实践外，还需要及时、全面、主动披露 CSR 信息。CSR 信息披露途径可以是向机构、媒体、行业发布《企业社会责任报告》（或可持续发展报告），在企业官网建立 CSR 专栏（或可持续发展、公益专栏等），在企业微博、微信平台即时持续发布 CSR 活动信息。在企业官网开设社会责任专栏是与外界进行方便沟通的重要形式，也是企业 CSR 理念的行动性的展现，同时方便了利益相关者了解企业 CSR 动态，从而有效实现 CSR 信息传播与沟通的目的。另一方面，企业披露社会责任信息的同时，也会受到利益相关者的约束，这种约束机制的存在将会使企业更加关注对风险的管理（叶恒等，2015）。

鉴于以上分析，本研究同时关注了所有案例中品牌企业官网有无"社会责任"专栏、"可持续发展"专栏、"企业关爱"专栏、"慈善专栏"、每年发布《可持续发展报告》等信息。结果发现：目标样本案例中，79 家企业有与 CSR 相关的信息专栏，占比为 84.5%，只有 14 家企业没有 CSR 专栏（比例为 15.4%）；在没有奉行责任管理理念的 10 家企业中，有 6 家没有 CSR 专栏，占比达六成。这也进一步证实了那些推行 CSR 战略的企业，同时也注重及时持续披露 CSR 信息。

7.3.3　研究结论

本节通过对近年来食品行业 93 起典型品牌危机事件、企业官网的使命与愿景宣言、官网 CSR 专栏信息的收集，研究现实中食品企业制定并推行 CSR 战略的情况。研究结论如下。

（1）近八成（77.5%）食品企业在企业愿景与使命中明确表示贯彻 CSR 战略经营与管理理念，企业有回馈社会、关注利益相关者的使命感，践行社会责任承诺，与各方利益相关者共创共享价值。初步证明，企业除了将 CSR 作为应激性的危机管理策略外，还将其内化成自觉的行为价值观与运营理念，作为战略加以推行。

（2）当企业行为与使命、愿景一致时，道德型品牌危机发生的概率显著降低，进一步验证了责任型战略理念的实际效用。食品企业本着与利益相关者共发展、共享价值的使命时，才能有效治理道德型危机。

（3）如果企业通过愿景与使命向外界宣称关注社会、环境与经济的可持续发展，但是现实中道德型危机事件与性能型危机事件却连续不断，则说明企业言行不一。

（4）实施责任战略的企业，注重运用官网专栏持续主动披露 CSR 信息，一方面可以借此获取财务收益，另一方面表示愿意接受公众监督与鞭策，并以此提升风险管控能力。

7.4　战略性 CSR 行动选择方案

每一类利益相关者的具体诉求纷繁复杂，而企业资源有限，市场机会稍纵即逝，企业对每一类利益相关者的 CSR 承诺实现的具体行动方案有哪些？以下将通过问卷法研究。

7.4.1　研究设计

本章选取针对六种主要利益相关者（环境、普通员工、供应商、分销商、消费者、社区）的 CSR 内容设计问卷，并向企业人士发放，获取其对战术性与战略性 CSR 具体行为表现方案的倾向性选择。

问卷内容包含三块内容，模块一介绍 CSR、战略性 CSR 与战术性 CSR 概念；模块二是问卷主体部分，先列出针对这六类利益相关者的 CSR 具体行为表现，然后请被试分别选出可作为战术性的、战略性的、既可为战术性也可为战略性的最重要的四项内容；最后是人口统计信息。问卷调研对象是企业人士，分别选取了焦作、重庆与成都三所高校的 200 名 MBA 学员填写问卷。

7.4.2　数据分析

1. 样本概况

在重庆、焦作、成都三个城市的三所高校 MBA 班级发放问卷 200 份。问卷分别在不同时点（三所大学）当面发放，填写完毕后当即收回。三地发放问卷的比例分别为 40%、45%、15%，问卷全部回收，其中有效问卷190 份，回收率和有效率分别为 100% 和 95%。为了检验三个不同地域是否对研究有影响，对数据进行 χ^2 检验，结果表明，同一类 CSR 行为具体表现的战略选择分布没有显著性差异，这表明地域选择并没有对研究产生系统影响。

由表 7-6 描述性数据结果可知，男性样本多于女性样本，年龄以 30 岁左右居多，管理者占到了总样本数的近六成，而且个人月收入平均为 6000 元，所在行业以制造业、信息科技业、金融行业、房地产业居多，这也与目前我国不同行业发展现状相吻合。

表 7-6　　　　　　　　　　　样本基本情况描述性统计

变量	分组	样本数	百分比	变量	分组	样本数	百分比
性别	男	114	60		农、林、牧、渔	4	2.1
	女	76	40		采矿	8	4.2
地域	焦作	27	14.2		制造	40	21.1
	重庆	76	40		能源、水生产和供应	0	0
	成都	87	45.8		建筑	0	0
年龄	25~30 岁	95	50		批发和零售	5	2.6
	31~40 岁	76	40		交通仓储邮政	0	0
	41~50 岁	16	8.4		住宿、餐饮	5	2.6
	50 岁以上	3	1.6		信息、科技	50	26.3
岗位	管理者	112	58.9	行业	金融	57	30.0
	普通员工	70	36.8		房地产	18	9.5
	其他	8	4.3		租赁商务	1	0.5
个人月收入	3000 元以下	10	5.3		水利、环境和公共设施管理	2	1.1
	3001~5000 元	45	23.7		教育	0	0
	5001~8000 元	80	42.1		卫生和社会工作	0	0
	8001~10000 元	32	16.8		文化、体育和娱乐	0	0
	10001 元以上	23	12.1		公共管理、社会保障和社会组织	0	0
					国际组织	0	0

2. 战略性 CSR 行为选择方案

运用简单百分比统计，环境责任、消费者责任、员工责任、供应商责任、分销商责任和社区责任这六类 CSR 具体行为的战略与战术选择结果见表 7-7。

表 7-7 战略与战术性 CSR 行为优选方案及偏好性

CSR 内容	战略性行为方案	战术性行动方案	既可作为战略也可作为战术的行为方案
环境责任	1. 科技创新，开发节能环保产品（27%） 2. 废物排放严格遵守国家标准和法律（26%） 3. 接受环境影响的第三方机构评估（22%） 4. 倡导环保理念（20%）	1. 及时有效修复对环境造成的损害（27%） 2. 主动真实全面公布企业的环境信息（24%） 3. 接受环境影响的第三方机构评估（22%） 4. 废物排放严格遵守国家标准和法律（13%）	1. 科技创新，开发节能环保产品（22%） 2. 实施能源节约减排和环境保护的项目（18%） 3. 接受环境影响的第三方机构评估（16%） 4. 主动、真实全面公布企业的环境信息（14%）
消费者责任	1. 提供安全、健康合格的食品与服务（21%） 2. 提供全面真实的食品信息（15%） 3. 宣传食品与营养知识，引导健康生活方式（15%） 4. 保密消费者私人信息（15%）	1. 向因使用、消费问题食品而已经或可能造成损失的消费者提供赔偿、补偿、跟踪服务（22%） 2. 对问题食品及时下架、召回、封存、销毁（18%） 3. 积极响应并有效处理顾客投诉（16%） 4. 改进食品质量（10%）	1. 改进食品质量（19%） 2. 提供全面真实的食品信息（17%） 3. 提供安全、健康合格的食品与服务（15%） 4. 宣传食品与营养知识，引导健康生活方式（13%）
员工责任	1. 投资员工个人发展（24%） 2. 丰富员工业余生活（22%） 3. 提供安全健康的工作环境和工作条件（15%） 4. 及时足额为员工缴纳社保（15%）	1. 依法严格执行工作、休息和休假时间（22%） 2. 按时发放薪酬与福利（19%） 3. 足额发放薪酬与福利（14%） 4. 及时足额为员工缴纳社保（14%）	1. 注重员工个人发展（19%） 2. 注重培训与在职教育，不随意解聘（17%） 3. 提供安全健康的工作环境和工作条件（16%） 4. 依法严格执行工作、休息和休假时间（14%）
供应商责任	1. 赋能培训（23%） 2. 与之建立稳定业务关系（23%） 3. 公平对待各供应商（17%） 4. 提供技术支持（12%）	1. 提供财务支持（22%） 2. 按时足额给付货款（21%） 3. 不利用买方优势欺压供应商（19%） 4. 赋能培训（17%）	1. 与之建立稳定业务关系（23%） 2. 赋能培训（21%） 3. 提供技术支持（19%） 4. 不利用买方优势欺压供应商（15%）

续表

CSR 内容	战略性行为方案	战术性行动方案	既可作为战略也可作为战术的行为方案
分销商责任	1. 赋能培训（23%） 2. 提供技术支持（22%） 3. 为分销商的业务增加价值（21%） 4. 提供相关的生产和产品信息（13%）	1. 提供财务支持（22%） 2. 提供技术支持（20%） 3. 稳定及时供货（18%） 4. 赋能培训（16%）	1. 为分销商的业务增加价值（23%） 2. 赋能培训（23%） 3. 提供技术支持（21%） 4. 提供相关的生产和产品信息（15%）
社区责任	1. 持续性投入教育与科研、社会培训（21%） 2. 关注医疗卫生（19%） 3. 支持社会文化体育事业（17%） 4. 帮助社区发展（13%）	1. 灾难捐助（20%） 2. 关怀特殊群体（16%） 3. 帮助社区发展（16%） 4. 帮扶弱势群体（13%）	1. 关怀特殊群体（21%） 2. 支持社会文化体育事业（20%） 3. 帮助社区发展（20%） 4. 资助学校教育与科研、社会培训（16%）

7.4.3　研究结论

本节通过对企业人士的问卷调查，将企业关注环境责任、员工责任、供应商责任、分销商责任、消费者责任、社区责任具体行为方案的战略选择偏好，进行简单的频数统计后得出以下结论。

第一，当企业关注环境 CSR 行为、将环境 CSR 和企业战略相结合时，"科技创新，开发节能环保产品""废物排放严格遵守国家标准和法律""接受环境影响的第三方机构评估""倡导环保理念"是最优的四个备选方案。

第二，当企业关心消费者的利益诉求、践行消费者 CSR 战略时，"提供安全、健康合格的产品与服务""提供全面真实的产品信息""宣传产品与营养知识、引导健康生活方式""保密消费者私人信息"四种具体行为表现是主要方案。

第三，将满足员工利益诉求放置在企业经营战略层面考虑时，应着重关注"投资员工个人发展""丰富员工业余生活""提供安全健康的工作环境和工作条件""及时足额为员工缴纳社保"。也就是说，企业应该将员工利益放在重要位置，应该与员工分享企业价值，而不是一边背负"血汗工厂"的标签，一边却在卖力向社会表现德行。

第四，当企业关注供应商与分销商的利益诉求时，"赋能培训""与供应商建立稳定业务关系""公平对待各供应商""提供技术支持"则是企业重点考虑的。

第五，投入参与社会公益慈善事业是当代企业避不开的话题，企业持续投入"教育与科研""社会培训""医疗卫生""社会文化体育事业""社区发展"等公益项目能够帮助企业实现基业长青。这是因为，社会公益可以被看作一种带有保险性质的防御策略——降低或减少企业出现不当行为或负面消息时对企业造成的负面影响（Freeman，1984；Godfrey，2005），也是一种事后的救火策略——分散公众对企业负面事件的关注，挽回企业形象与声誉（Koehn，Ueng，2010）。慈善公益具有战略性与战术性双重属性。

7.5　政策与制度建议

要保证食品业能持续有效地贯彻 CSR 战略，需要一系列政策支持与制度机制保障。如政府的额外补贴机制、媒体信息传播与舆论导向机制、CSR缺失的问责与严惩机制、负责任消费理念的培育机制、行业协会监督与奖惩机制。这些机制的先后次序首先应该是法律的完善。

党的十八届四中全会明确提出加强企业社会责任立法，且企业社会责任促进法的立法进程也正有序筹划，企业社会责任也成为国家法律治理体系的重要部分。2015 年修订后的《食品安全法》立足于社会共治的理念，提出了构建食品企业社会责任具体实现机制的相关建议：增加了"食品生产经营者对其生产经营食品的安全负责"的规定；第 69 条规定生产经营转基因食品应当按照规定显著标示；第 78 条规定了保健食品的标签、说明书应标明的事项，特别规定要声明"本品不能代替药物"。这表明对食品企业的监管已经从要求其被动接受检查到要求主动公示。基于食品行业的特殊性，还要求其承担相对于一般市场生产经营主体更多的法律义务。在法律责任方面，2015 年版《食品安全法》在原有基础上明确了赔付责任预赔制度：第148 条明确了民事赔偿先行赔付制度，规定了最低赔偿金额标准；第 131 条明确了网络食品交易第三方平台对消费者特定条件下的赔偿责任，扩大了责任主体范围。2015 年版《食品安全法》虽较 2009 年的食品安全法有所改进，但如对经营者的惩罚性赔偿仍然有"明知不符合食品安全标准"的条件限制，另外还规定了"食品标签、说明书存在不影响食品安全且不会对消费者造成误导的瑕疵"的除外条款。

7.6　小结

本章立足于现实中的食品企业，首先，运用 2009～2018 年间的品牌危机案例，通过分析品牌方企业官网的"使命与愿景""CSR 专栏"相关信息，探究了战略性 CSR 的实际推行情况、治理道德型品牌危机的效果以及CSR 信息沟通策略。结果发现，现实中，绝大多数食品企业将社会责任纳入企业经营哲学与发展使命，积极推行 CSR 战略理念，并通过企业官网的CSR 专栏积极披露有关信息，从而在满足各方利益相关者诉求的同时，使企业获得可持续发展，实现了多方共赢与和谐共处。其次，通过向企业人士发放问卷，归纳了企业所青睐的每一类 CSR 具体的战略推行方案，为企业如何开展各类 CSR 行为提供借鉴。

本章研究与前面的研究内容结合在一起，实现了品牌危机治理与企业社会责任关系之间的闭合研究，将企业社会责任策略的作用从修复危机品牌的单一短期效用拓展到长期经营发展角度。企业社会责任内化为企业价值观，变为自觉、能动的战略行为，既有助于减少或杜绝品牌危机，又有助于实现企业与品牌的可持续发展。

第 8 章

研究发现与对策建议

本研究立足于食品业群际冲突，探讨了基于社会比较理论下的冲突发生路径、利益相关者视角下的企业社会责任对冲突的减缓效应及影响因素，以及治理群际冲突的战略性 CSR 行为决策。对此，本研究主要涉及了四方面内容。首先，连续追踪了十年间发生在食品行业的典型品牌危机案例，运用内容分析法梳理了危机发生后企业社会责任活动内容的主要特征。其次，在案例研究结论的基础上，基于利益相关者理论、形象修复与形象转移理论、CSR 社会风险治理理论等，运用实验法证明了性能型品牌群危机发生后，企业分别践行对核心利益相关者的 CSR 的确能够获得消费者宽恕、提升品牌形象并重建消费者—品牌关系。再次，逐步采用实验法发现，消费者对食品的"质量感知""危机范围"这两个关键变量，在 CSR 内容修复品牌时发挥了调节作用。最后，再次运用案例法并辅之以问卷法，探明大多数食品企业的确在贯彻战略性 CSR，这既能实现品牌与企业的可持续发展，也为解决食品安全问题找到了新思路。

8.1 研究结论

8.1.1 必需品类和选购品群际关系冲突发生路径有别

基于社会比较理论，对必需的食品品类而言，冲突产生路径为：品牌群危机—强烈的相对剥夺感—狭义信任降低—群际冲突。群际冲突部分源于狭义信任的中间传导作用。对选购品而言，冲突产生路径为：品牌群危机—强烈的相对剥夺感—？（表示未探明的中介原因）—群际冲突。群际信任的中介作用不存在。这克服了以往研究仅仅考察单一品类导致结果片面的缺陷。

必需食品品类爆发品牌群危机之后，首先，的确能造成消费群体内较高的相对剥夺感，并能明显直接引致群际冲突，负面口碑意图与行为尤为明显，消费抵制强烈，但不会有报复欲望。其次，较高的消费者相对剥夺感，引起消费者对品牌群体的集体不信任，最终产生负面口碑行为。再者，食品业群际冲突作用路径中，包括制度信任和行业信任维度的广义信任并不是相对剥夺感引发群际关系紧张的中转路径。

对选购品食品品类而言，群际信任的中介路径并不显著。

8.1.2　CSR 修复品牌形象时 CSR 历史起正向调节作用

危机后 CSR 策略对品牌形象有显著修复效应，当消费者了解到危机之前企业有持续的社会责任行为时，修复效果会更好。这说明，如果企业在危机发生后的 CSR 行为仅仅是应对危机的反应性举动时，消费者并不能给予积极评价，因而无益于修复品牌形象。

8.1.3　五类 CSR 行为策略的缓解效应因危机类型而异

选择"品牌形象""消费者宽恕""品牌信任""品牌关系再续意愿"作为衡量五类 CSR 内容修复危机品牌的效应指标（即因变量），运用实验法验证了在性能型和道德型危机情境下，五类 CSR 有不同的修复作用。性能型危机情境下，各类 CSR 行为策略效果优于道德型情境下的效果。具体表现在以下几方面。

（1）在性能型危机情境下，无论企业选择何种 CSR 内容，都能同时获得消费者宽恕，重塑品牌形象并重建消费者与品牌的关系再续意愿。但是，当危机属于道德型时，五类主要 CSR 行为方案策略作用大大受限，仅仅可以重建关系再续意愿。另外，无论何种危机情境，任何一类 CSR 均不能重建品牌信任，可见重建食品业信任道路漫长。

（2）在性能型危机发生后，五种 CSR 对"消费者宽恕""品牌形象""品牌关系再续意愿"的修复作用并无显著性差异，即企业如果想采取 CSR 行为策略修复消费者宽恕、品牌形象和消费品牌关系再续意愿，可以选取社区公益责任、环境责任、消费者责任、员工责任和组合式责任中的任何一种，其效果都是相同的。但是，对于品牌关系再续意愿而言，道德型危机后社区公益责任和员工责任效果均优于性能型危机后的社区公益责任和员工责任效果。

本部分结论回答了"我国企业在非常态情境下的 CSR 实践是否还处于盲目阶段"的问题。首先，以上两个研究发现，如果品牌群危机类型属于性能型，企业欲通过践行 CSR 求得消费者原谅、重建品牌形象、并打算与消费者重修旧好时，不管选择满足哪一类利益相关的 CSR 诉求，都会实现目标；但是，如果品牌群危机属于道德型，企业寄希望于通过 CSR 实现修复品牌形象的目标却未必能如愿。这提醒企业设定 CSR 实践活动目标时需要根据品牌群危机发生的情境而设定，不能随心所欲。但是，企业如果希望通过履行 CSR 重建品牌信任，结果只能是"竹篮打水一场空"。其次，根据结论（2），尽管针对不同主要利益相关者的 CSR 行为方案，在获得消费者宽恕、重塑品牌形象与重建品牌关系再续意愿时效果并没有显著性差异，但企业也要根据社会责任事项和企业业务的关联性、满足不同利益相关者 CSR 诉求的难易程度、企业所处的发展阶段以及危机类型等条件，选择相应的活动方案。综合分析，说明目前企业在危机情境下的各类 CSR 活动的确处在盲目阶段。

此研究发现为企业在品牌群危机后开展社会责任提供了充足的理由和信心，也让企业明白，一时的技术或者能力失误导致产品能力缺陷的无心之过，可以借向与危机密切关联的主要利益相关者（环境、消费者、员工、社区）实施带有道歉、弥补、回馈、救赎等性质的企业社会责任行为策略得以挽回；但如果品牌群危机缘于企业道德缺陷，那么危机后企业无论打着何种名堂的社会责任大旗，其带来的积极作用也极为有限。

8.1.4 感知质量与危机范围对五类 CSR 的缓解效果影响各异

消费者对产品的"感知质量"与"危机范围"在五类 CSR 行为修复危机品牌形象时发挥不同的调节作用：感知质量对不同的修复目标均起正向调节作用，而危机范围对不同修复目标的调节作用有时正向，有时负向。

1. 选择环境 CSR 时的影响效应

在品牌群危机爆发后，当企业欲选择环境责任行为策略修复品牌形象时，依据互惠理论、情感认同理论等形成的修复机理为：首先，环境责任行为会获得消费者宽恕、赢得积极的品牌形象评价与关系再续意愿。其次，消费者对产品的感知质量越高，环境责任行为越容易获得消费者宽恕，即感知质量正向调节环境责任对消费者宽恕的积极作用。最后，危机范围正向调节环境责任对品牌形象和关系再续意愿的修复作用，即相较于单发性危机情境，群发性时环境 CSR 对品牌形象和关系再续意愿的修复作用更好；但其对消费者宽恕的修复作用并不受危机范围大小的影响。环境责任修复危机品牌时的影响因素见图 8-1。

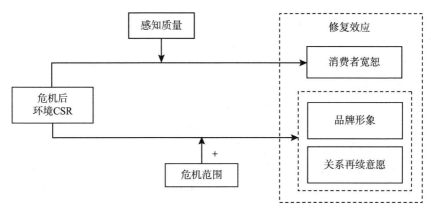

图 8 – 1　危机后环境 CSR 修复品牌形象时的影响效果

2. 选择消费者 CSR 时的影响效应

　　品牌遭受负面曝光后，企业应最先考虑消费者的感受，更重要的是需要采取措施减少、弥补对消费者的损失或者伤害，而实施下架、召回、赔偿等 CSR 行为策略是最佳选择。本研究实证分析得出，消费者 CSR 行为策略既能满足消费者的利益补偿诉求，又能减少危机负面影响，从而对品牌形象产生积极的修复作用。具体修复作用的影响因素及效应见图 8 – 2。

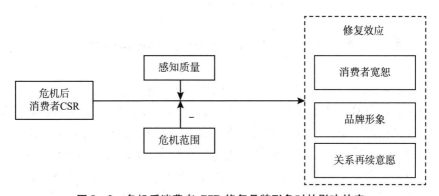

图 8 – 2　危机后消费者 CSR 修复品牌形象时的影响效应

　　由图 8 – 2 所展示的消费者 CSR 正向作用于品牌形象时的作用与边界有三方面。第一，危机发生后，当企业针对消费者这一核心利益相关者而实施相应的 CSR 行为时，会获得消费者宽恕，产生积极的品牌形象评价，并表示出对品牌消费的关系再续意愿。第二，消费者对产品的质量感知正向调节了消费者 CSR 行为对消费者宽恕、品牌形象、关系再续意愿，即相较于低质量感知，较高水平的质量感知情境下，消费者 CSR 行为能产生较高水平

的消费者宽恕和品牌形象、关系再续意愿。第三，危机范围负向调节消费者
CSR 对消费者宽恕、品牌形象和关系再续意愿的作用。当危机涉及单个品牌
时（单发性），消费者 CSR 行为更容易获得消费者宽恕、更高的品牌形象评
价以及更积极的关系再续意愿；反之，当危机涉及多家品牌（群发性）时，
消费者 CSR 行为积极作用较差，亦即危机范围负向调节消费者 CSR 对消费
者宽恕、品牌形象和关系再续意愿的修复作用。

3. 选择员工 CSR 时的影响效应

当品牌出现负面曝光事件时，企业实施针对企业普通员工的 CSR 承诺
会对品牌形象具有良好的修复作用。相应的修复机制如图 8 - 3 所示。

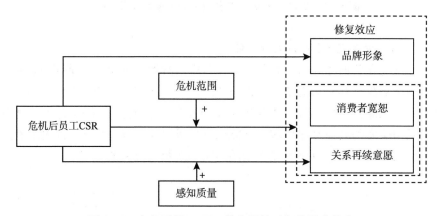

图 8 - 3　危机后员工 CSR 修复品牌形象的影响效应

图 8 - 3 反映出，首先，危机后企业实施针对普通员工的 CSR 行为意欲
修复品牌形象时，并不受消费者对产品的质量感知、危机范围的影响。其
次，危机范围在员工 CSR 获得消费者宽恕和关系再续意愿时起正向调节作
用，即相较于单发性品牌群危机情境，群发性危机时，员工 CSR 行为更容
易获得消费者宽恕和关系再续意愿。最后，消费者对产品的质量感知在员工
CSR 重建"关系再续意愿"过程中发挥正向调节作用，即感知质量越高，
关系再续意愿会越明显。

4. 选择社区公益 CSR 时的影响效应

本研究利用实验研究法发现，在危机发生后，企业主动、积极、持续参
与社会公益事业，能对品牌形象产生积极的作用，作用效果如图 8 - 4 所示。

首先，企业社区公益行为会获得消费者宽恕、赢得积极的品牌形象评
价与关系再续意愿。其次，消费者对产品的质量感知在社区公益责任行为获得
消费者宽恕与积极的品牌形象作用过程中起正向调节，即感知质量越高，社

区公益责任对消费者宽恕和品牌形象的修复作用越好，但其对关系再续意愿的修复作用并不受感知质量的影响。最后，危机范围负向调节社区公益责任行为对消费者宽恕的修复作用，即相较于群发性危机情境，单发性危机情境下，社区公益 CSR 更易获得消费者宽恕；但社区公益责任对品牌形象和关系再续意愿的修复作用并不受危机范围的影响。

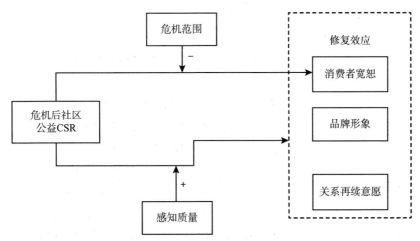

图 8-4 危机后社区公益 CSR 修复品牌形象的影响效应

5. 选择组合式 CSR 时的影响效应

经过案例研究发现，现实中的品牌方在危机事件后，实施的战术性 CSR 行为策略往往同时关注多方利益相关者的利益诉求，以组合式 CSR 内容出现，这是品牌群危机后 CSR 内容的重要特征。因为品牌群危机往往涉及多方利益主体。组合式 CSR 修复品牌形象的作用边界如图 8-5 所示。

首先，组合式 CSR 行为方案能够获得消费者宽恕、积极的品牌形象认知以及品牌关系的再续意愿。其次，在直接正向作用过程中，消费者对产品的质量感知正向调节组合式 CSR 对消费者宽恕的积极作用；对品牌形象和关系再续意愿修复，感知质量并没有调节作用。最后，"危机范围"负向调节组合式 CSR 对关系再续意愿的修复作用，即相较于群发性危机情境，单发性时组合式 CSR 对关系再续意愿修复作用更好。但其对消费者宽恕和品牌形象修复作用并不受危机范围的影响。

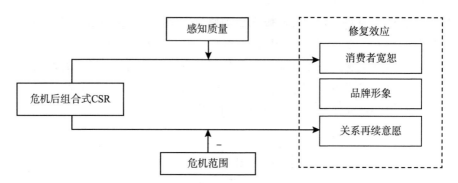

图 8 – 5　危机后组合式 CSR 修复品牌形象的影响效应

　　五类 CSR 行为策略对品牌形象的修复作用路径，为企业根据自身产品质量状况和危机范围来确定恰当的修复目标、进而选择不同的 CSR 行为方案提供了理论指导。此时较优 CSR 行为选择方案不尽相同。

　　第一，若企业在品牌群危机发生后短期无法有效改善产品质量，想通过 CSR 策略获得消费者宽恕时，员工 CSR 行为是优先选择；欲重新塑造积极的品牌形象，选择环境 CSR、员工 CSR 或者组合式 CSR 都可以实现；如果想重建关系再续意愿，环境 CSR、社区公益 CSR 或者组合式 CSR 均可以达到目标。相反，危机发生后企业在很短时间内改进了产品质量，此时拟通过践行对主要利益相关者 CSR 承诺而获得较高水平的消费者宽恕时，企业结合自身特点可在环境责任、消费者责任、社区公益责任和组合式责任四种方案中择优选择，同时还需要向消费者传递品牌品质已然提高的信息线索，提高消费者接触的概率。重塑更高的品牌形象时，只能在消费者 CSR 方案和社区公益责任方案中选择，同时还要辅之以质量感知较高的信息线索。如果将修复目标定为消费者重建与品牌的关系再续意愿，只能在消费者 CSR 方案和员工责任方案中选择，同时还要多方传播产品质量改进的信息。

　　第二，在单发性危机情境下，企业想要通过 CSR 行为策略获得较高水平的消费者宽恕，备选方案为消费者责任与社区公益责任。此时，想要借 CSR 行为策略修复品牌形象，较优的方案唯有消费者责任。如将目标确定为消费者重建与品牌的关系再续意愿，有两个备选方案：消费者责任和组合式责任。当品牌危机是群发性时，想获得更高的消费者宽恕，员工责任是唯一的选择方案；此时想修复品牌形象，环境 CSR 是不二选择；如果修复目标为重获消费者与品牌的关系维系意愿，既可以选择环境责任，也可以选择员工责任。

　　这些研究发现为企业社会责任实践提供了有益的理论指导和实践警示。

8.1.5　战略性 CSR 能治道德型危机

运用 2009 ~ 2018 年 92 起重要品牌群危机案例及其企业官网信息，实证分析后发现，当企业 CSR 与其使命和愿景要求相一致时，道德型（与道德型危机同义）品牌群危机发生的可能性显著降低。这从另一视角验证了责任型战略理念的实际效用。食品企业如果秉承与利益相关者共发展、共享价值的理念，就能有效治理道德型危机。

8.2　学术价值

8.2.1　探究了必需品类和选购品类的群际关系冲突的差异性路径

本研究立足于消费者的相对剥夺感视角，以群际信任为关键因素，考量了表现在消费抵制、报复欲望和负面口碑三方面的群际冲突的产生路径。重点发现了食品中的必需品类和选购品类的群际关系冲突发生路径存在差异。基于社会比价理论，对必需食品品类而言，冲突产生路径为：品牌群危机—强烈的相对剥夺感—狭义信任降低—群际冲突（具体表现为负面口碑）；对选购品而言，冲突产生路径为：品牌群危机—强烈的相对剥夺感—?（未探明的中介原因）—群际冲突。这克服了以往研究仅仅考察单一品类导致结果片面的缺陷。

8.2.2　构建了不同内容 CSR 修复品牌形象的机理模型

结合危机情境，不同责任对象的企业社会责任行为策略目标是什么？消费者对产品质量本身的主观认知、评判以及危机范围大小对策略的预期目标有何影响？这些能够增强危机情境下企业社会责任行为决策理性成分的理论成果还很欠缺。

本研究依次通过四次实验法研究发现，企业普遍青睐的五类 CSR 行为（环境责任、消费者责任、员工责任、慈善公益责任与多种 CSR 行为同时使用的组合式责任）修复品牌形象时，消费者对食品的质量感知和危机范围作用，对不同 CSR 选择方案所带来的修复作用影响大小、方向并不完全相同：感知质量总是起正向调节作用，而危机范围有时发挥正向调节作用，有时又发挥负向调节作用。

本研究基于利益相关者视角，对危机后 CSR 内容进行分类并分别探究其修复机，此类研究目前较少有人涉及。本研究既细化了 CSR 内容研究框架，也拓展了 CSR 效应研究思路，将其由正常情境下的研究拓展至品牌群危机等危机情境下。本研究为企业根据自身产品质量状况和危机范围确定恰当的修复目标，进而选择不同的 CSR 行为方案提供了理论指导。

8.2.3 丰富了危机品牌形象修复策略体系

修复策略的内容及其适用条件是近 20 年国内外学者在危机管理领域持续的研究热点，但鲜有从 CSR 视角开展的实证和系统化研究。危机的负面影响并非仅仅依靠短期策略就能消除，而需要企业回归社会公民身份，以真诚的态度迎合消费者求得补偿的心理需求，积极履行各种社会责任。为此，很多学者逐步拉近品牌群危机与企业社会责任的距离，如井森和周颖（2013）、乔尔·范汉姆和巴斯·格罗本（Joelle Vanhamme and Bas Grobben，2008）、江炎骏（2013）、陈增祥（2012）等研究证实，危机前 CSR 所具有的声誉保险效应可以减少危机发生时负面影响，然而危机后才开展的 CSR 是否具有修复效应，现有研究既不系统化，也没有分别就不同利益相关者的 CSR 构建不同的作用机制。

本书探索出了基于利益相关者视角的五类主要 CSR 对危机品牌形象的修复机制，分别构建了环境责任、员工责任、消费者责任、社区公益责任和组合式责任修复品牌形象的一系列修复策略体系，包括责任实施对象、策略的理论目标（获得消费者宽恕、品牌形象提升、关系再续意愿重建）、适用条件（危机类型、危机范围和感知质量影响不同）、作用途径（除员工责任外，需要情感认同的间接作用传递）。这是对以本尼尔特（Beniot，1997）和库姆斯（2007）为代表的品牌危机修复策略体系研究的有益补充。

8.2.4 实现了危机和 CSR 之间关系的闭合研究

企业履行社会责任是品牌健康发展的重要基础，短期使用可以减少危机负面影响，长期践行有助于治理品牌群危机，保障品牌方顺利与可持续发展。但是战略性 CSR 理念何以体现？能否治理品牌群危机？目前国内外学者很少系统关注此问题。本研究通过案例法和问卷调查法研究发现，当企业使命和愿景融合进企业经营准则并能有效减少道德型品牌群危机发生的概率时，的确能说明 CSR 的战略性价值。

许多学者认为品牌群危机根源是企业社会责任缺失（赵莘，姬瑞环，2012；Souto，BelénFernández‑Feijóo，2009；Lin‑Hi，Müller，2013），却没有系统研究战术性 CSR 的修复作用与战略性 CSR 治理品牌的价值。本研究对此问题的探究实现了品牌群危机与企业社会责任的闭合关系，即"品牌群危机发生，形象受损—根源追究（社会责任缺失）—运用 CSR 策略修复品牌形象—战略性 CSR 可以治理品牌群危机"。

此研究为治理品牌群危机、实现企业与品牌的可持续发展、提升利益相关者的福利、获得企业与社会的和谐共生提供了新的理论指导。

8.3　对策建议

企业在品牌群危机后选择了哪些社会责任行为？这些社会责任行为是否能修复品牌形象、获得消费者宽恕？不同类型的企业社会责任修复品牌形象的作用机制是什么？如何才能彻底治理品牌群危机，实现企业基业长青？本研究运用文献法、案例法、实验室法和问卷法等对这些问题进行了一一解答，所获得的发现也许能够对企业的 CSR 实践提供六方面的借鉴。

8.3.1　提醒食品企业要重视与消费者之间的情感纽带

因为在食品业品牌群体性危机情境下，消费群体很容易将经营者放置在对立面，从而直接引发群际冲突（导致消费抵制与负面口碑），所以，食品类生产经营者要尊重消费者，在满足饮食安全、卫生、营养基本消费需求的前提下，重视消费者的情感需求，构建食品品牌方和消费者的相互供养关系，这样才不至于在危机时，消费者和企业相互被怀疑、相互不尊重。

8.3.2　不同的品类引致的群际冲突要用不同策略应对

对必需的食品品类而言，要重点关注品牌群危机对品牌群体信任的负面影响，重点修复消费者对品牌群的信任，减少负面口碑，并借助政府、行业监管的正面影响力量。对选购品类而言，不用过多关注群际信任成分，而要多聚焦强烈的消费抵制行为，用情感疏导、信息舆论引导消费者负面情绪和消极行为。我国食品类经营者要有扎实练功，培育负责任的世界品牌。食品经营者首先要怀有常态化管理风险的意识和能力，其次要诚实守信勤练内功，培育国际化品牌。食品行业近似于完全竞争市场，而且随着我国改革开放持续深入和电商平台遍地开花，消费者极易进行品类转换或品牌转换，如果品牌内功不扎实，消费者很容易弃之而去。

8.3.3　引导 CSR 行动方案视危机情境择优选择

根据情景危机沟通理论，危机等非常规情景下企业反应性 CSR 策略类别要根据依据危机特征而有所不同。第一，危机后 CSR 行动目标要根据危机类型分别设定。第二，不同类型危机情境下的 CSR 实施对象要有区别。第三，在单发性与群发性不同的危机情境下，要根据修复目标选择较优的 CSR 行动方案。

这些基于危机不同属性的企业社会责任目标和行动方案，为企业危机后的 CSR 行为策略提供了有益参考和借鉴，引导企业要依据市场环境、危机类型与广度、经营目标等选择合适的 CSR 行为方案，提高危机后 CSR 活动的有效性。

8.3.4 呼吁企业努力"修行"并积极"修德"

首先，研究发现，并非任何品牌群危机都可借助 CSR 策略得以修复，因此呼吁企业要树立德行。本研究发现，在性能型危机情境下，无论企业选择何种 CSR 内容，都能同时获得消费者宽恕，重塑品牌形象并重建消费者与品牌的关系再续意愿；但在道德型危机情境下，五类主要 CSR 行为方案策略只能重建关系再续意愿，因而其积极作用大大受限。此发现为企业在品牌群危机后开展社会责任提供了充足的理由和信心，但也让企业明白，一时的技术或者能力欠缺导致产品缺陷的无心之过，可以借向与危机密切关联的主要利益相关者（环境、消费者、员工、社区）实施带有道歉、弥补、回馈、救赎等性质的企业社会责任行为策略得以挽回，但如果品牌群危机缘于企业道德缺陷的有意之举，那么危机后企业无论打着何种名堂的道德大旗，其带来的积极作用也是捉襟见肘的（无法修复品牌形象、获得消费者宽恕，只能重建关系再续意愿）。因此，企业的生产经营行为不可因为一时之利，丧失业界良心，泯灭道德底线，突破法律约束。

其次，本研究发现，消费者对产品的质量感知正向调节各类 CSR 行为的积极作用，因此强调：无论何种德行，提升产品服务消费者的能力、改善产品质量始终是根本。企业社会责任最为基本的要义就是为公众、为社会提供安全可信赖的产品与服务，亡羊补牢本是应该，但这仅仅是应对危机事件的手段，并非社会责任的体现；如若因为质量问题损害了基本的社会功能，再多"慈善秀"也难以塑造良好的企业形象，提高自身"修行"才是企业和品牌长久生存的根本。

8.3.5 探测到企业治理品牌群危机的新思路

通过调查研究可以看出，企业应激性履行各类 CSR 不应仅仅是应对危机的无奈之举，还可以与经营理念、价值观相融合，成为战略性的选择与安排。企业以社会公民身份运营品牌，就会在日常经营活动中自觉主动履行社会责任，将其内化、固化为企业文化和使命，成为企业战略属性特征之一，这可以使企业在回馈社会的同时塑造良好的公众形象，并实现品牌的健康运营与企业的可持续发展，在治理品牌群危机的同时获得企业和品牌的基业长青。

食品业的频发品牌群危机，要么缘于"天灾"（如病毒性污染），要么缘于"人祸"（如三聚氰胺奶粉、瘦肉精猪肉），前者可以依靠技术尽量避免，后者却是明知故犯，甚至是行业潜规则使然，无法依靠技术检测手段控制和干预，"法治"也不足以彻底治理此类品牌群危机。如果将企业社会责任内化为企业价值观与经营理念，依靠企业"德行"规范人心，凭借社会责任意识促使食品从业人员自觉遵守社会公德和职业道德，遵守食品安全法律法规，则能够对食品安全起到"前馈"式的预防作用，从而求得治本之策。

8.3.6　建议我国食品类经营者要有扎实练功，培育负责任的品牌

企业社会责任在很多食品经营者的认知里，被归为成本支出，是权宜之计，危机后的慈善公益行为被视为"遮羞布"或者"作秀"，这会导致食品企业的功利性 CSR 理念。对食品这一特殊商品来说，培育对消费者负责任的品牌才是食品企业真正贯彻 CSR 理念。食品经营者首先要怀有常态化管理风险的意识和能力，其次要诚实守信勤练内功，培育负责任的品牌，避免消费者进行品类转换或品牌转换。

8.4　研究局限

受研究资源所限，本研究的局限性与后续研究如下。

第一，选择的食品品类单一。在冲突机理研究中，仅仅考察了食品品类中属于当下大多数年轻人必需品的外卖和中年人选购品的白酒，在修复机理的实验研究中，以食品饮料类负面事件为刺激材料。

第二，没有检测到属于选购品的食品品类爆发品牌群危机和群际冲突的中介机制，群际信任传导作用不明显。若继续考察食品业消费群体的消极行为，还需要继续寻找前置变量；食品业在群发性危机信息启动下出现的群际冲突，可能还有其他的中介因子。

第三，基于企业社会责任的危机品牌负面作用的缓释效应研究只考量了感知质量和危机范围的调节作用，没有涉及其他变量，也没有同时考量调节变量之间的交互作用。消费者对品牌群危机后企业实施的社会责任行为反应

是一个复杂的心理活动过程，根据企业社会责任的影响而进行的消费决策更为复杂，本研究可能并未涉及更有价值的变量以及综合探究他们的共同作用。因此本研究结论也许和现实中品牌危机错综复杂的情境不相符合，五类CSR 内容对品牌形象的修复效应及作用路径也许与现实有差距。

第四，研究企业社会责任的战略未能深入到企业内部，考察现实企业中的不同岗位管理者对战略性企业社会责任具体行为的选择观点，并跨期实证检验"企业践行战略性的社会责任可以治理品牌群危机"的观点。

8.5 未来研究

根据本研究局限，未来可以在以下方面继续进行深化和优化研究。

第一，后续研究可扩大至肉蛋类、食油、五谷类、白酒饮料类、乳制品类，进一步检验研究结果的外部效度，继续探究危机后 CSR 特征是否与本研究选择的食品品类所得结果一致；CSR 修复品牌形象的效用及作用路径有无不同，以及对 CSR 战略及决策方案倾向的异同性。

第二，在运用准实验法和实验法研究五类 CSR 的减缓效应和机理时，保留学生被试的同时，再选择一群与学生样本异质的其他被试做对比研究，分析研究结果是否存在差异性，进而结合理论和现实择优选择适合企业的各类 CSR 修复策略并加以推广。

第三，除了感知质量和危机范围影响部分 CSR 的缓释效应外，应该还有其他变量的作用，未来还可以继续探索。

参考文献

［1］默顿．社会理论和社会结构［M］．唐少杰，齐心等译．江苏：译林出版社，2006.

［2］郑海东．CSR 行为表现：测量维度、影响因素及绩效关系［M］．北京：高等教育出版社，2012.

［3］崔保军．群发性产品伤害危机对广义信任水平的影响研究［J］．管理学报，2016（7）.

［4］董伊人，赵曙明．企业社会责任不同领域对消费者反应的影响——基于私家车购买者的实证研究［J］．学海，2010（5）.

［5］冯蛟，卢强，张淑萍，李辉．多品牌危机对行业信任的伤害机理研究［J］．中央财经大学学报，2016（2）.

［6］冯蛟，卢强，李辉，吕一林．群发产品危机中企业应对策略对购买意愿的动态影响——来自解释水平理论的解释［J］．商业经济与管理，2015（8）.

［7］冯蛟，张淑萍，卢强．多品牌危机事件后消费者信任修复的策略研究［J］．消费经济，2015（8）.

［8］冯丽艳，肖翔，赵天骄．经济绩效对企业社会责任信息披露的影响［J］．管理学报，2016（7）.

［9］付宗国．西方社会心理学关于群际行为的研究述评［J］．心理学探新，2002（83）.

［10］黄静，刘秋玲．"好企业"为什么会干坏事?——企业社会责任营销内外一致性视角［J］．商业研究，2014（8）.

［11］贾兴平，刘益，廖勇海．利益相关者压力、企业社会责任与企业价值［J］．管理学报，2016（2）.

［12］景奉杰，崔聪，涂铭．产品伤害危机群发属性负面溢出效应研究［J］．珞珈管理评论，2012（2）.

［13］郭国庆，张中科，陈凯，等．口碑传播对消费者品牌转换意愿的影响：主观规范的中介效应研究［J］．管理评论，2010（12）.

［14］庞隽，宋卓昭，吕一林．报复欲望和回避欲望：实用性和享乐性

产品失败后消费者反应的性别差异 [J]. 管理评论, 2014 (2).

[15] 齐丽云, 李腾飞, 尚可. 企业社会责任的维度厘定与量表开发——基于中国企业的实证研究 [J]. 管理评论, 2017 (5).

[16] 李汉林, 魏钦恭, 张彦. 社会变迁过程中的结构紧张 [J]. 中国社会科学, 2010 (2).

[17] 李健, 石京民. 企业应该履行哪些社会责任? [J]. 食品工业科技, 2017 (7).

[18] 鲁津, 栗雨楠. 形象修复理论在企业危机传播中的应用——以"双汇瘦肉精"事件为例 [J]. 现代传播—中国传媒大学学报, 2011 (9).

[19] 吕伟, 张纯, 周乐燕. 企业社会责任、风险管理策略与避税行为 [J]. 上海大学学报 (社会科学版), 2015 (9).

[20] 青平, 等. 品牌危机网络外溢机理的实验研究 [J]. 管理学报, 2019 (4).

[21] 李恩洁, 凤四海. 报复的理论模型及相关因素 [J]. 心理科学进展, 2010 (10).

[22] 李海廷. 企业社会责任与消费者购买意愿分析 [J]. 商业研究, 2014 (2).

[23] 李年琴, 姜启军. 基于食品供应链的核心企业社会责任评价指标及权重研究 [J]. 中国农学通报, 2014 (3).

[24] 李伟阳, 肖红军. 基于管理视角的企业社会责任演进与发展 [J]. 首都经济贸易大学学报, 2010 (5).

[25] 李文祥. 企业社会责任的社会治理功能研究 [J]. 社会科学战线, 2015 (1).

[26] 刘凤军, 孔伟, 李辉. 企业社会责任对消费者抵制内化机制研究——基于 AEB 理论与折扣原理的实证 [J]. 南开管理评论, 2015 (1).

[27] 冉雅璇, 卫海英, 李清. 心理学视角下的人类仪式: 一种意义深远的重复动作 [J]. 心理科学进展, 2018 (1).

[28] 宋岩, 张鲁光. 我国食品行业社会责任评价与实证检验 [J]. 统计与决策, 2015 (17).

[29] 田阳, 黄韫慧, 王海忠. 品牌危机负面溢出效应的跨文化差异研究——基于自我建构视角 [J]. 营销科学学报, 2013 (2).

[30] 汪兴东, 景奉杰, 涂铭. 单 (群) 发性产品伤害危机的行业溢出效应研究 [J]. 中国科技论坛, 2012 (11).

[31] 王春娅, 余伟萍, 段桂敏. 慈善捐助契合度对消费意愿的修复效

应——基于品牌丑闻情境的分析 [J]. 财经论丛（浙江财经大学学报），2014 (5).

[32] 王海忠，陈增祥，尹露. 公司信息的纵向与横向溢出效应：公司品牌与产品品牌组合视角 [J]. 南开管理评论，2009 (1).

[33] 王晓明，徐莹莹，刘贝贝. 产品伤害危机背景下企业联想对消费者负面口碑传播的影响——以食品行业为例 [J]. 珞珈管理评论，2017 (2).

[34] 王治莹，梁敬，刘小弟. 突发事件情境中公众的风险感知研究综述 [J]. 情报杂志，2018 (10).

[35] 王二朋，高志峰. 风险感知、政府公共管理信任与食品购买行为——对中国消费者品牌食品与安全认证食品购买行为的解释 [J]. 南京工业大学学报：社会科学版，2016 (3).

[36] 王娟，陆克斌. 基于消费者抵制的企业社会责任研究 [J]. 长春理工大学学报（社科版），2013 (6).

[37] 汪兴东. 产品伤害危机中修复策略适配性对品牌形象评价的影响——时间距离与企业声誉的调节作用 [J]. 经济管理，2013 (11).

[38] 汪旭晖，冯文琪，张杨. "化险为夷" 还是 "雪上加霜"？——负面网络口碑情境下零售企业社会责任行为对品牌权益的影响研究 [J]. 商业经济与管理，2015 (7).

[39] 吴宝晶. 民生安全视阈下食品药品企业社会责任的建设 [J]. 福建论坛（人文社会科学版），2014 (4).

[40] 肖红军，李伟阳，胡叶琳. 真命题还是伪命题：企业社会责任检验的新思路 [J]. 中国工业经济，2015 (2).

[41] 谢佩洪，周祖城. 中国背景下 CSR 与消费者购买意向关系的实证研究 [J]. 南开管理评论，2009 (1).

[42] 辛素飞，明朗，辛自强. 群际信任的增进：社会认同与群际接触的方法 [J]. 心理科学进展，2013 (2).

[43] 熊猛，叶一舵. 相对剥夺感：概念、测量、影响因素及作用 [J]. 心理科学进展，2016 (3).

[44] 徐小龙，苏勇. 产品伤害危机下消费者——品牌关系再续——一个投入模型视角 [J]. 经济管理，2015 (5).

[45] 杨德锋，王新新. 零售商自有品牌感知质量的居中性——基于线索诊断理论的研究 [J]. 商业经济与管理，2009 (5).

[46] 杨国亮，卫海英，王志华. 群际关系冲突视角下的品牌群危机形成机理研究 [J] 营销科学学报，2015 (3).

[47] 杨国亮，卫海英. 社会比较倾向和群体认同对群际信任的影响——对品牌群危机过程的实证研究 [J]. 商业经济与管理，2016 (9).

[48] 阎俊，佘秋玲. 消费者抵制的心理机制研究 [J]. 营销科学学报，2010 (2).

[49] 余伟萍，王春娅，段桂敏. 丑闻后慈善捐助匹配度对品牌形象的修复机理——利他性动机认知的中介作用与感知质量的调节作用 [J]. 商业经济与管理，2014 (9).

[50] 张广玲，付祥伟，熊啸. 企业社会责任对消费者购买意愿的影响机制研究 [J]. 武汉大学学报（哲学社会科学版），2010 (2).

[51] 张黎，林松，范亭亭. 影响被赞助活动和赞助品牌间形象转移的因素 [J]. 管理世界，2007 (7).

[52] 张童. 产品伤害危机群发属性对顾客应对行为的影响 [J]. 社会科学家，2014 (6).

[53] 张璇，张红霞. 毁灭还是重生——多品牌危机中的替罪羊效应 [J]. 营销科学学报，2013 (4).

[54] 张书维，王二平. 相对剥夺与相对满意：群体性事件的动因分析 [J]. 公共管理学报，2010 (3).

[55] 周祖城. 企业社会责任的关键问题辨析与研究建议 [J]. 管理学报，2017 (5).

[56] 王晓玉，晁钢令，万广胜. 宏观层面信任水平对产品危机感知的影响 [C]. 厦门：2014 年营销科学年会.

[57] 杭婧婧. 替代性报复及影响因素 [D]. 华东师范大学硕士学位论文，2015.

[58] Aaker D A., Joachimsthaler E. The brand relationship spectrum [J]. California Management Review，2000，42 (4).

[59] Anderson J R.，A spreading activation theory of memory [J]. Journal of Verbal Learning & Verbal Behavior，1983，22 (83).

[60] Alexandrov A.，Bryan Lilly. The effects of social-and-self-motives on the intentions to share positive and negative word of mouth [J]. Journal of the Academy of Marketing Science，2013，41 (5).

[61] Bauer R A. Consumer behavior as risk taking [C]//Cox D F. Risk Taking and Information Handling in Consumer Behavior [C]. Boston，MA：Harvard Business Press，1960.

[62] Becker - Olsen K L，Cudmore B A，Hill R P. The impact of per-

ceived corporate social responsibility on consumer behavior [J]. Journal of Business Research, 2005, 59 (1).

[63] Brown T J, Dacin P A. The company and the product: Corporate associations and consumer product responses [J]. Journal of Marketing, 1997, 61 (1).

[64] Carroll A B. The pyramid of corporate social responsibility: Toward the moral management of organizational stakeholders [J]. Business horizons, 1991, 34 (4).

[65] Choi W J, Winterich K P. Can brands move in from the outside? How moral identity enhances out-group brand attitudes [J]. Social Science Electronic Publishing, 2013, 77 (2).

[66] Chang L, Liu L. Research of corporate social responsibility in electricity sector: A perspective of human resource management [C]//IEEE International Conference on Management of Innovation & Technology. 2012.

[67] Cleeren K, van Heerde H J. , Dekimpe M G. Rising from the ashes: How brands and categories can overcome product – Harm Crises [J]. Journal of Marketing, 2013, 77 (3).

[68] Codex Alimentarius Commission. Proposed draft principles and guidelines for the conduct of microbial risk assessment [M]//World Health Organization. Food and Agriculture Organization of the United Nation. Rome, Italy: Codex Alimentarius Commission, 1998.

[69] Coombs W T. Protecting organization reputations during a crisis: The development and application of situational crisis communication theory [J]. Corporate Reputation Review, 2007, 10 (3).

[70] Cox D F. Risk taking and information handling in consumer behavior [J]. Journal of Marketing Research, 1968, 32 (3).

[71] Clarkson M. A risk based model of stakeholder theory [R]. Proceeding of the Second Toronto Conference on Stakeholder Theory. Toronto: Centre for Corporate Social Performance & Ethics, University of Toronto, 1994.

[72] Clarkson Mbe. A stakeholder framework for analyzing and evaluating corporate social performance [J]. Acedemy of Management Review, 1995, 20 (1).

[73] Doris Fuchs, Agni Kalfagianni. Discursive power as a source of legitimation in food retail governance [J]. International Review of Retail Distribution &

Consumer Research, 2009, 19 (5).

[74] Donaldson T, Preston L E. The stakeholder theory of the corporation: Concepts, evidence, and implications [J]. Academy of Management Review, 1995, 20 (1).

[75] Du S, Bhattacharya C, Sen S. Corporate social responsibility and competitive advantage: Overcoming the trust barrier [J]. Management Science, 2011, 57 (9).

[76] Elkington J. Enter the triple bottom line [C]. Adrian Henriques, Julie Richardson. The triple bottom line: Does it all add up. London: Earth-scan, 2004.

[77] Ellen P S, Webb D J, Mohr L A. Building corporate associations: Consumer attributions for corporate socially responsible programs [J]. Journal of the Academy of Marketing Science, 2006, 34 (2).

[78] Freeman R E. Strategic management: A stakeholder approach [M]. Cambridge: Cambridge University Press, 1984.

[79] Ferrin, Donald L, Bligh, Michelle C, Kohles, Jeffrey C. Can I trust you to trust me? A theory of trust, monitoring, and cooperation in interpersonal and intergroup relationships [J]. Group and Organization Management, 2007, 32 (4).

[80] Finkel E J, Rusbult C E, Kumashiro M, Hannon P A. Dealing with betrayal in close relationships: Does commitment promote forgiveness? [J]. Journal of Personality and Social Psychology, 2002, 82 (6).

[81] Friedman M. Consumer boycotts in the united states, 1970 – 1980: Contemporary events in historical perspective [J]. Journal of Consumer Affairs, 1985, 19 (1).

[82] J D Sharma. Corporate social responsibility [J]. The Management Accountant, 2013, 48 (6).

[83] Cleeren K, Heerde H J, Dekimpe M G. Rising from the Ashes: How brands and categories can over come product-harm crises [J]. Journal of Marketing, 2013, 77 (2).

[84] Hansen T. The moderating influence of broad-scope trust on customer-seller relationships [J]. Psychology & Marketing, 2012, 29 (5).

[85] Haas – Kotzegger, Ursula, B. B. Schlegelmilch. Conceptualizing consumers experiences of product-harm crises [J]. Journal of Consumer Marketing

2013, 30 (2).

［86］Herr P M, Kim J. Effects of word-of-mouth and product-attribute information on persuasion ［J］. Journal of Consumer Research, 1991, 17 (4).

［87］Hewstone, Miles. Stepping stones to reconciliation in Northern Ireland: Intergroup contact, forgiveness, and trust ［M］. The social psychology of intergroup reconciliation. New York: Oxford, University Press, 2008.

［88］Huseyin Cakal, Miles Hewstone, Gerhard Schwär, Anthony Heath. An investigation of the social identity model of collective action and the "sedative" effect of intergroup contact among Black and White students in South Africa ［J］. British Journal of Social Psychology, 2011, 50 (4).

［89］Jacoby J, Kaplan L. The Components of perceived risk ［C］//Venkatesan M. Proceedings of the 3rd Annual Convention of the Association for Consumer Research, Chicago IL, 1972.

［90］Joëlle Vanhamme, Bas Grobben. "Too good to be true!" the effectiveness of CSR history in countering negative publicity ［J］. Journal of Business Ethics, 2009, 85 (2): 273 –283.

［91］Gao H Z, Knight J G, Zhang H X, et al. Guilt by association: heuristic risks for foreign brands during a product-harm crisis in China ［J］. Journal of Business Research, 2013, 66 (8).

［92］Grégoire Y, Fisher R J. Customer betrayal, retaliation: When your best customers become your worst enemies ［J］. Journal of the Academy of Marketing Science, 2008, 36 (2).

［93］Gelbrich K. Anger, frustration and helplessness after service failure: Coping strategies and effective informational support ［J］. Journal of the Academy of Marketing Science, 2010, 38 (5).

［94］John A, Klein J. The boycott puzzle: consumer motivations for purchase sacrifice ［J］. Management Science, 2003, 49 (9).

［95］Grayson K, Johnson D. , Chen D F R. Is firm trust essential in a trusted environment? how trust in the business context influences customers ［J］. Journal of Marketing Research, 2008, 45 (2).

［96］Gwinner Kevin. A model of image creation and image transfer in event marketing ［J］. International Marketing Review, 1997, 14 (3).

［97］Lewicki R J, McAllister D J, Bies R. J. Trust and distrust: New relationships and realities ［J］. Academy of Management Review, 1998, 23 (3).

［98］ Lewicki M S, Sejnowski T J. Learning nonlinear overcomplete representations for efficient coding ［C］//Conference on Advances in Neural Information Processing Systems. 1998.

［99］ Lisa Pagotto, Emilio Paolo Visintin, Giulia De Iorio, Alberto Voci. Imagined intergroup contact promotes cooperation through outgroup trust ［J］. Group Processes and Intergroup Relations, 2013, 16 (2).

［100］ Luo X. Quantifying the long-term impact of negative word of mouth on cash flows and stock prices ［J］. Marketing Science, 2009, 28 (1).

［101］ Lynch J G, Weigold M F. Choices from Sets Including Remembered Brands: Use of Recalled Attributes and Prior Overall Evaluations ［J］. Journal of Consumer Research, 1988, 15 (2).

［102］ Matten D, Moon J. Implicit and explicit CSR: A conceptual framework for a comparative understanding of corporate social responsibility ［J］. Academy of Management Review, 2008, 33 (2).

［103］ Menon G, Raghubir P, Schwarz N. Behavioral Frequency Judgments: An Accessibility – Diagnosticity Framework ［J］. Journal of Consumer Research, 1995, 22 (2).

［104］ Moscalu M, Vintila G. The assessment of corporate social risk in a romanian context ［J］. Procedia – Social and Behavioral Sciences, 2012, 62 (1).

［105］ Mummendey A. , Kessler T. , Klink A. , et al. Strategies to cope with negative social identity: predictions by social identity theory and relative deprivation theory ［J］. J Pers Soc Psychol, 1999, 76 (2).

［106］ Michel M Haigh, Pamela Brubaker. Examining how image restoration strategy impacts perceptions of corporation social responsibility, organization-public relationships, and source credibility ［J］. Corporate Communications: an international journal, 2010, 15 (4).

［107］ Newheiser A K, Dovidio J F. High outgroup entitativity can inhibit intergroup retribution ［J］. British Journal of Social Psychology, 2015, 54 (2).

［108］ Nora J. Rifon, Sejung Marina Choi, Carrie S. Trimble and Hairong Li. Congruence effects in sponsorship ［J］. Journal of advertising, 2004, 33 (1).

［109］ O' Guinn T C, Faber R J. Compulsive buying: A phenomenological exploration ［J］. Journal of Consumer Research, 1989, 16 (2).

［110］ Park J, Lee H, Kim C. Corporate social responsibilities, consumer trust and corporate reputation: South Korean consumers' perspectives ［J］. Journal of Business Research, 2014, 67 (3).

[111] Platow M J, Foddy M, Yamagishi T, et al. Two experimental tests of trust in in-group strangers: The moderating role of common knowledge of group membership [J]. European Journal of Social Psychology, 2012, 42 (1).

[112] Ronald K, Mitchell, Bradley R. Agle and Donna J. Wood. Toward a theory of stakeholder identification and salience: Defining the principle of who and what really counts [J]. The Academy of Management Review, 1997, 22 (4).

[113] Roselius T. Rankings of risk reduction methods [J]. Journal of Marketing, 1971, 35 (1).

[114] Schroeder T C, Tonsor G T, Pennings J M E, Mintert J. Consumer food safety risk perceptions and attitudes: Impacts on beef consumption across countries [J]. The B. E. Journal of Economic Analysis & Policy, 2007, 7 (1).

[115] Setbon M, Raude J, Fischler C, et al. Risk perception of the "madcow disease" in France: Determinants and consequences [J]. Risk Analysis, 2005, 25 (4).

[116] Sen S, Bhattacharya C B. Does Doing Good Always Lead to Doing Better? Consumer Reactions to Corporate Social Responsibility [J]. Journal of Marketing Research, 2001, 38 (2).

[117] Shim K J, Yang S U. The effect of bad reputation: The occurrence of crisis, corporate social responsibility, and perceptions of hypocrisy and attitudes toward a company [J]. Public Relations Review, 2016, 42 (1).

[118] Skowronski J J, Carlston D E. Social judgment and social memory: The role of cue diagnosticity in negativity, positivity, and extremity biases [J]. Journal of Personality & Social Psychology, 1987, 52 (4).

[119] Smith H J, Pettigrew T F, Pippin G M, et al. Relative deprivation: a theoretical and meta-analytic review [J]. Personality & Social Psychology Review, 2012, 16 (3).

[120] Slovic P. The perception of risk [M]. London: Earthscan, 2000.

[121] Sood T S. Self-affirmation through the choice of highly aesthetic products [J]. Journal of Consumer Research, 2012, 39 (2).

[122] Tajfel H, Turner J. An integrative theory of intergroup conflict [C]. William G. Austin, Stephen Worchel. Social Psychology of Intergroup Relations. Calif: Brooks/Cole Pub. Co, 1979.

[123] Tam T, Hewstone M, Kenworthy J, Cairns E. Intergroup trust in

northern ireland [J]. Personality and Social Psychology Bulletin. 2009, 35 (1).

[124] Vassilikopoulou A, Siomkos G, Chatzipanagiotou K, et al. Product-harm crisis management: Time heals all wounds? [J]. Journal of Retailing & Consumer Services, 2009, 16 (3).

[125] Vezzali L, Capozza D, Stathi S, et al. Increasing outgroup trust, reducing infrahumanization, and enhancing future contact intentions via imagined intergroup contact [J]. Journal of Experimental Social Psychology, 2011, 48 (1).

[126] Votola N L, Unnava H R. Spillover of negative information on brand alliances [J]. Journal of Consumer Psychology, 2006, 16 (2).

[127] VOCI A. The link between identification and In-group favoritism: effects of threat to social identity and trust-related emotions [J]. British Journal of Social Psychology, 2006, 45 (2).

[128] Wagner T, Lutz R J, Weitz B A. Corporate hypocrisy: Overcoming the threat of inconsistent corporate social responsibility perceptions [J]. Journal of Marketing, 2009, 73 (6).

[129] Wansink B. Consumer reactions to food safety crises [J]. Advances in Food and Nutrition Research, 2004, 48 (48).

[130] Wansink B. Environmental factors that increase the food intake and consumption volume of unknowing consumers [J]. Annual Review of Nutrition, 2004, 24 (24).

[131] Walker I, Smith H. J. Relative deprivation: Specification, development and integration [M]. New York: Cambridge University Press, 2002.

[132] Wei H, Ran Y. Male versus female: How the gender of apologizers influences consumer forgiveness [J]. Journal of Business Ethics, 2019, 154 (2).

[133] Worst enemies [J]. Journal of the Academy of Marketing Science, 2008, 36 (2).

[134] Wood D J, Jones R E. Stakeholder mismatching: A theoretical problem in empirical research on corporate social performance [J]. International Journal of Organizational Analysis, 1995, 3 (3).

[135] Wilcox D L, Cameron G T. Public relations strategies and tactics (8th ed.). 2006, Boston, MA: Pearson.

[136] Xie Yi, Peng Siqing. How to repair customer trust after negative pub-

licity: The roles of competence, integrity, benevolence, and forgiveness [J]. Psychology & Marketing, 2009, 26 (7).

[137] Zhang S, Wang E, Chen Y. Relative deprivation based on occupation: An effective predictor of Chinese life satisfaction [J]. Asian Journal of Social Psychology, 2011, 14 (2).